ITINÉRAIRE

PARISIEN,

OU

PETIT TABLEAU DE PARIS

DEUX PARTIES EN UN VOLUME.

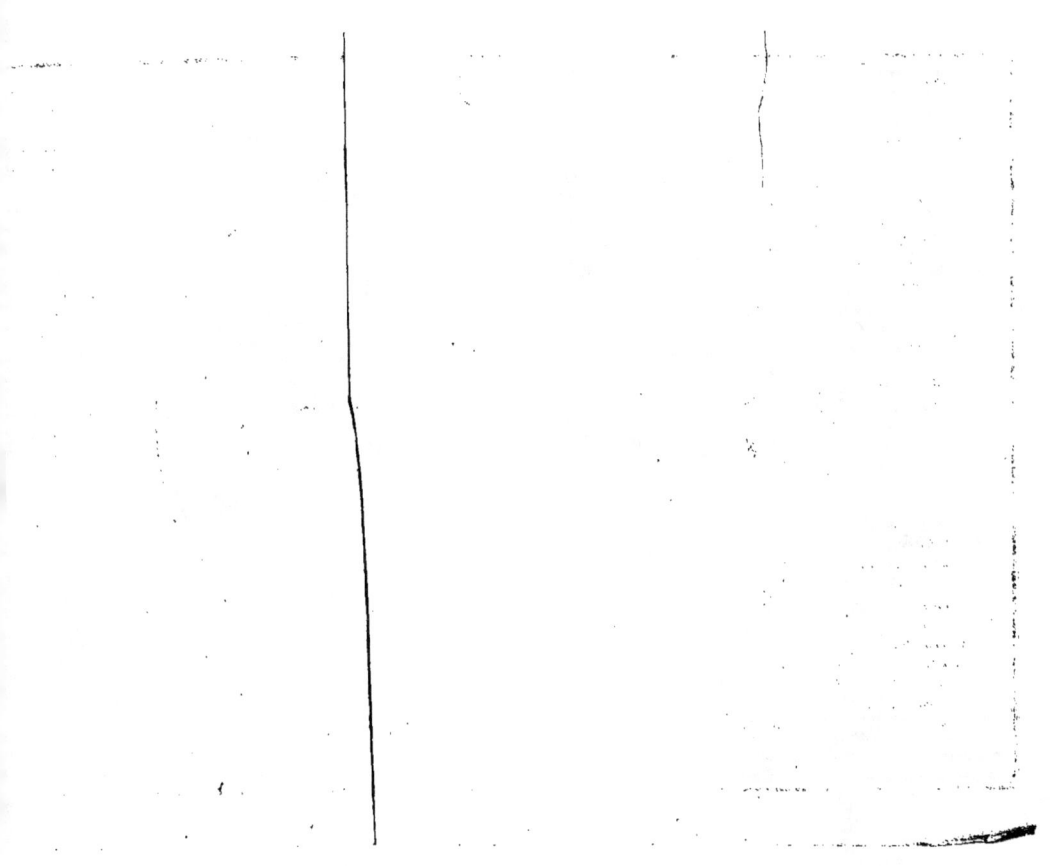

PARIS est la principale ville de la République française. Elle est
située sur la rivière de Seine qui la traverse par le milieu d'ori-
ent en occident. Sa grandeur, sa population, son commerce industriel et le goût de ses habitans pour les
sciences, les arts et métiers, la rendent la
plus riche et la plus florissante ville de
l'Europe. Elle est le rendez-vous
des Savans de toutes les classes.
Ses relations tant commerciales
que politiques s'étendent chez
toutes les nations. Aussi est elle
le Centre où se réunissent toutes les richesses et en elles
se dissipent. Les arts agréables et les modes se ré-
pandent de son sein dans
la plus grande partie
des villes du Continent
Européen. Son enceinte
est appuyée près ovale ayant
dans sa plus grande lon-
gueur 4 mille 400 toises,
sur 3 mille de large, ce qui
étant réduit à une figure ré-
gulière, donne une surface d'environ 8 millions 300 mille toises
carrées. On peut, fixer, le nombre de
ses habitans à 900 mille aumoins, y compris les non-domiciliés.

On comptoit ci-devant à Paris plus de 260 Egli-
ses, tant paroissiales que collégiales, chapelles, abbayes
ou prieurés &c. Il y avoit aussi 6 académies des sciences et
arts; 3 autres pour l'instruction des gentilhommes dans les exerci-
ces militaires: Et 10 bibliothèques publiques. Aujourd'hui on y compte plus de 900
rues, 103 culs-de-sac, et, dans le nombre de 25 mille maisons, plus de 150 bâtimens

magnifiques ci-devant appellés palais ou hôtels, 350 autres belles maisons, 76 places, dont 16 principales; plus de 30 marchés publics; environ 60 fontaines
13 ponts de pierre et un de bois sur la Seine, 26 quais; 16 portes
plusieurs bains publics établis dans des bâteaux sur la rivière, et nombre de promenades aussi publiques,
tant au dehors de la ville que dans l'intérieur.
Paris est aujourd'hui divisé en 12 Muni
cipalités ou arrondissemens, lesquelles
sont sous-divisées chacune en 4 sections dénommées ainsi qu'il suit.

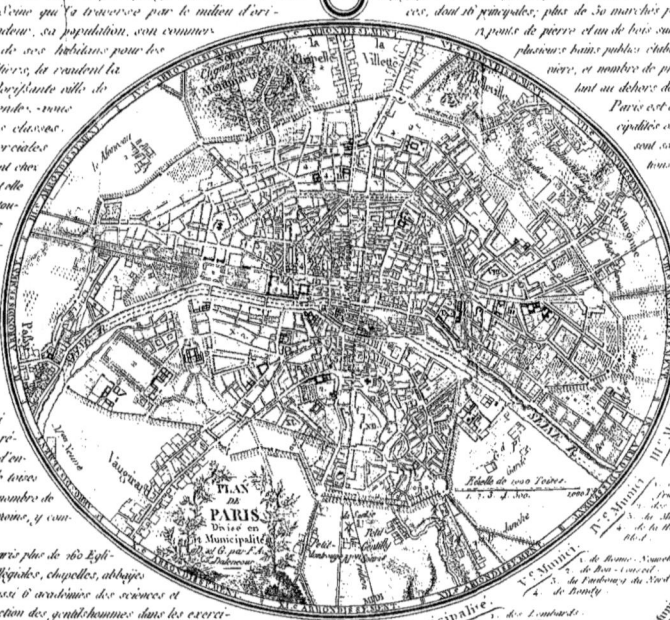

SAVOIR

PLAN
DE
PARIS
Divisé en
12 Municipalités
et 48 par F.A.
Dalencour

Se trouve à Paris chez Dalencour rue de la Verrerie N.º 318, et chez Goujon rue Froidmanteau N.º 16.

ITINERAIRE PARISIEN,

OU

PETIT TABLEAU DE PARIS,

CONTENANT,

Premièrement : Une notice sur l'Ère républicaine ; la description géographique du département de la Seine ; la division de Paris ; l'état alphabétique de toutes les rues, enclos, culs-de-sac, places, ponts, quais, barrières ; les limites, l'intérieur de chaque arrondissement et un plan de Paris.

Deuxièmement : La Famille Impériale ; les grandes dignités et autorités de l'Empire; les administrations; les établissemens publics et particuliers ; les musées nationaux et particuliers; les monumens, curiosités, lycées, écoles, paroisses, spectacles, promenades, etc.

Par M. ALLETZ, Commissaire de police de Paris, division de la Place-Vendôme.

DEUXIÈME ÉDITION,

Formant deux Parties en un volume, et considérablement augmentée.

A PARIS,

Chez BERTRAND-POTTIER et FÉLIX BERTRAND, Imprim.-Libr., rue Galande, n°. 56, à l'ABEILLE.

AN XIII. -- M. DCCCV.

Conformément à la loi, deux exemplaires du présent ouvrage ont été déposés à la bibliothèque impériale.

Tout auteur ou débitant d'éditions contrefaites sera poursuivi suivant la rigueur des lois.

BERTRAND-POTTIER
et FÉLIX BERTRAND.

TABLE

DES MATIERES

Contenues dans cet ouvrage.

PREMIERE PARTIE.

SECONDE PARTIE.

6   *Table des matières.*

AVIS

DE L'ÉDITEUR.

DEPUIS les accroissemens successifs que la ville de Paris a éprouvés, depuis les changemens survenus dans les noms de ses différentes communications intérieures, il manquait un répertoire portatif qui présentât la nomenclature exacte de toutes les rues, ruelles et passages; de toutes les places, ponts et ports; de tous les quais, culs-de-sacs et enclos, etc., avec indication précise de celle des 48 divisions de Paris dans laquelle se trouve chacun de ces objets, chaque rue, *chaque portion de rue*; qui désignât en même tems les limites des 12 mairies qui partagent Paris, les limites et l'intérieur des 48 divisions composant les 12 mairies; qui réunît à ces détails géographiques l'indication des autorités, administrations, tribunaux, établissemens publics, de tous les endroits enfin auxquels on peut avoir le plus souvent affaire ; qui désignât encore les secours pour les incendies, les prisons, les hospices, les marchés, les théâtres, les promenades, etc.

Nous avions pensé qu'un semblable répertoire, fait avec une scrupuleuse exactitude, serait extrêmement utile aux personnes de toutes les classes, particulièrement aux administrations, aux fonctionnaires publics, à ceux sur-tout chargés de veiller au maintien du bon ordre dans cette vaste cité, en offrant à ces derniers tous les renseignemens locaux qui leur sont journellement et essentiellement nécessaires.

Tel a été aussi le plan de notre ITINÉRAIRE PARISIEN, lorsque nous l'avons publié à la fin de l'an 11. L'accueil favorable que le public a fait à la première édition, est la récompense la plus flatteuse que nous ayons pu recevoir de notre pénible travail ; LA SECONDE ÉDITION, que nous publions aujourd'hui, est encore perfectionnée et considérablement augmentée.

Nous avons cru devoir diviser l'ouvrage en deux parties : la première, purement géographique, présente une notice sur l'ère républicaine, la description géographique du département de la Seine, la division de Paris, un état alphabé-tique des rues, ruelles, passages, culs-de-sacs, ponts, ports, quais, places, etc., un état des bar-rières; elle est terminée par les limites intérieu-res de chacune de ses parties. La seconde partie pourrait se nommer le tableau civil de Paris, par la nature des objets qu'elle présente.

Nous avons enrichi cette *seconde édition* de la désignation des grandes dignités et autorités de l'empire français; de tous les établissemens, mo-numens et curiosités qui peuvent mériter l'atten-tion des étrangers; de tous les établissemens con-sacrés à l'instruction publique, etc.

La table générale des matières qui se trouve à la suite du présent avis, présente d'un coup d'œil la multiplicité des détails renfermés dans un aussi petit cadre.

Il n'est personne, de quelque classe qu'il soit, qui n'ait quelqu'intérêt, plus ou moins direct, à connaître quelques-uns des détails que présente notre ouvrage, qui n'ait souvent même besoin de recourir à ce guide fidèle et sûr.

Nous ne craignons pas sur-tout d'avancer, qu'il n'est pas un tribunal, une administration, un bureau d'administration publique ou particulière, un juge de paix, un commissaire de police, un simple préposé de la police, qui ne se trouve souvent dans le cas de puiser des renseignemens dans notre ITINÉRAIRE PARISIEN.

Les habitans des départemens, les étrangers aussi, y trouveront le moyen d'assurer la réception de leurs lettres aux habitans de Paris, par la facilité qu'ils auront, en le consultant, de mettre avec exactitude les suscriptions des lettres.

Ils y trouveront aussi, ainsi que nous l'avons déjà observé, la nomenclature des établissemens, monumens et curiosités dignes de leur attention.

Toutes les matières sont présentées par ordre alphabétique ou par ordre d'arrondissement. C'est à la partie géographique qu'on a donné les soins les plus détaillés, les plus minutieux; on trouve les rues sous leurs dénominations anciennes et modernes, ainsi qu'aux différentes lettres auxquels on pourrait les chercher : ainsi *la rue de la place Vendôme* se trouve sous cette nouvelle dénomination, et sous celles anciennes *de Louis-le-Grand* et *des Piques* ; la rue des Mauvaises-Paroles se trouve à la lettre M et à la lettre P. A la suite de chaque rue, on a eu l'attention d'ajouter celui du quartier ou d'une rue connue la plus voisine, avec indication de la division et du n°. d'ordre de l'arrondissement : c'est ainsi que la rue de *Long-Pont* est indiquée, *Long-Pont* (rue de), *Port au Blé*, division de la fidélité, 9e. arrondissement.

Quant aux rues qui appartiennent à plusieurs divisions, on a eu soin d'indiquer que telle partie, depuis telle rue jusqu'à telle autre, à droite ou à gauche, ou des deux côtés, appartient à telle ou telle division ; l'exactitude du travail, à cet égard, s'aperçoit aisément à l'article de la rue St.-Honoré qui appartient à 7 divisions, et plus évidemment encore à l'article des boulevards, qui, dans toute leur étendue, ressortissent à 20 divisions différentes.

Enfin, pour faciliter les recherches, on a classé toutes les places, les ponts, les ports et les portes, à la lettre P, et les quais à la lettre Q.

On concevra sans peine à combien de recherches il a fallu se livrer pour présenter un guide fidèle et éviter toute erreur; nous assurons avec confiance que notre travail est le plus complet en ce genre qui ait été publié, et nous avons lieu d'espérer que nos concitoyens y trouveront les avantages et les secours que nous avons eu l'intention de leur offrir pour leurs affaires et leurs plaisirs.

ITINÉRAIRE PARISIEN.

PREMIERE PARTIE.

NOTICE

SUR L'ÈRE RÉPUBLICAINE.

L'ÈRE républicaine des Français date de la fondation de la république, le 22 septembre 1792 de l'ère chrétienne, jour où le soleil arrive à l'équinoxe vrai d'automne, en entrant dans le signe de la Balance à 9 heures 18 minutes 30 secondes du matin pour l'observatoire de Paris.

Ainsi, chaque année commence à minuit avec le jour où tombe l'équinoxe vrai d'automne.

L'année est divisée en douze mois égaux, de trente jours chacun. Après les douze mois, suivent cinq jours pour completter l'année ordinaire de trois cent soixante-cinq jours ; ces cinq derniers jours s'appellent *complémentaires*, et n'appartiennent à aucun mois. Ils sont augmentés tous les quatre ans d'un sixième jour, afin de maintenir la coïncidence de l'année civile avec le cours du soleil. L'année où tombe ce sixième jour s'appelle *sextile*.

Mois de l'Ère républicaine.

Automne. {
1. Vendémiaire . . Vendanges.
2. Brumaire . . . . Brouillards.
3. Frimaire . . . . Frimats.

Hiver. {
4. Nivôse . . . . . Neiges.
5. Pluviôse . . . . Pluies.
6. Ventôse . . . . Vents.

Printems. {
7. Germinal. Germe des productions.
8. Floréal . . Fleurs.
9. Prairial . . Récolte des prairies.

Eté. {
10. Messidor . Moissons,
11. Thermidor. Chaleur, en gr. *thermos*.
12. Pructidor . Fruits.

Fêtes nationales.

1er. *Vendémiaire.* Fête de la fondation de la république.

Les cinq jours complémentaires précédens, il y a chaque année, dans la cour du Muséum, au vieux Louvre, une exposition publique des produits de l'industrie nationale dans tous les genres.

25 ou 26 *Messidor*. Anniversaire du 14 juillet 1789, première époque de la révolution française.

Fêtes religieuses conservées , outre les dimanches, par l'indult du cardinal Caprara, donné à Paris, le 9 avril 1802, et publié par arrêté des consuls, du 29 germinal an 11.

Noël.   L'Assomption.
L'Ascension.   La Toussaint.

DESCRIPTION SOMMAIRE

ET GÉOGRAPHIQUE

DU DÉPARTEMENT DE LA SEINE.

Ce département a 12 myriamètres ou 24 lieues carrées. Il est borné de tous côtés par celui de Seine-et-Oise.

Sa principale rivière est la *Seine*, qui prend sa source dans le département de la Côte-d'Or, à six lieues de Dijon, et se jette dans l'Océan, au Hâvre.

Les autres rivières sont:

La Bièvre, qui prend sa source près de Versailles, et se jette dans la Seine à Paris, au port de l'Hôpital, où elle a le nom de *rivière des Gobelins*.

La Crould, qui prend sa source près de Tillay (Seine-et-Oise), passe à Gonesse et se jette dans la Seine près de Saint-Denis.

La Marne, qui prend sa source dans le Bassigny (Haute-Marne) et se jette dans la Seine à Charenton, près Paris.

Le département de la Seine est divisé en trois arrondissemens communaux : *Paris, Saint-Denis et Sceaux*.

Premier arrondissemeut communal.

Paris, chef-lieu du département, forme à lui seul un arrondissement communal. Sa population est d'environ 550,000 habitans.

Paris a environ 7 lieues de tour, près de deux lieues de diamètre, et environ 60 a 62 lieues de labyrinthe.

C'est dans cette ville que réside habituellement l'Empereur et les premières autorités.

Paris est divisé en douze arrondissemens municipaux ou *mairies*, formant aussi les arrondissemens des *douze justices de paix*. Chaque mairie a un maire et deux adjoints.

Il y a dans chaque arrondissement municipal :

Un *juge de paix*, qui tient chez lui ses audiences et bureaux de conciliation ;

Un *percepteur des contributions* ;

Un *receveur des droits d'enregistrement*.

Chaque arrondissement est subdivisé en quatre divisions ou sections ; ce qui partage Paris en quarante-huit divisions.

Chacune des quarante-huit divisions a *un Commissaire de police* et *un bureau de bienfaisance*.

Il y a encore, à Paris, six *Magittrais de sûreté*, substituts du procureur-général impérial près le tribunal criminel. Ils sont chargés de la police judiciaire ou de sûreté pour tout le département de la Seine, qui est divisé, entre eux, en six arrondissemens de sûreté.

Paris est encore divisé en douze cures ou paroisses, et vingt-sept succursales.

Deuxième arrondissement communal.

Saint - Denis. Il y réside un sous-préfet du département. Il a un conseil d'arrondissement.

Cet arrondissement communal comprend quatre cantons ou justices de paix; savoir :

1°. Canton de Saint-Denis , composé des communes d'Aubervilliers, Lachapelle, Lacourneuve, Dugny, Epinay, Saint-Denis, Ile-Saint-Denis, Saint-Ouen, Pierrefite, Stains, Villetaneuse.

2°. Canton de Nanterre , composé des communes d'Asnières, Colombe, Courbevoie, Gennevilliers, Nanterre, Puteaux, Surêne.

3°. Canton de Neuilly, composé d'Auteuil, Boulogne, Clichy, Montmartre, Neuilly, Passy.

4° Canton de Pantin, composé de Bagnolet, Baubigny, Belleville, Bondi, Bourget, Charonne, Grand-Drancy, Noisi-le-Sec, Pantin, Prés-Saint-Gervais, Romainville, la Villette.

Troisième arrondissement communal.

Sceaux, où réside un sous-préfet du département, lequel a un conseil d'arrondissement.

Cet arrondissement communal comprend aussi quatre cantons ou justices de paix; savoir :

1°. Canton de Charenton, composé de Bercy, Bonneuil, Brie, Champigny, Charenton-le-Pont, Charenton-Saint-Maurice, Creteil, Maisons, Saint-Maur, Nogent, Pont-de-Saint-Maur.

2º. Canton de Sceaux, composé d'Antony, Bagneux, Bourg-Egalité, ou Bourg-la-Reine, Châtenay, hâtillon, Clamart, Fontenay-aux-Roses, Issy, Montrouge le Plessis-Piquet, Sceaux, Vanvres, Vaugirard.

3º. Canton de Villejuif, composé d'Arcueil, Chevilly, Choisy, Fresnes, Gentilly, le Hay, Ivry, Orly, Rungis, Thiais, Villejuif, Vitry.

4º. Canton de Vincennes, composé de Fontenay-sous-Bois, Saint-Mandé, Montreuil, Rosny, Villemonble, Vincennes.

Dans chacun des huit cantons ci-dessus, il y a une paroisse desservie par un curé.

B

DIVISION DE PARIS

EN 12 ARRONDISSEMENS MUNICIPAUX ET EN 48 DIVISIONS.

1er. *Arrondissement.*

Dᴵᴠᴵꜱᴵᴏɴꜱ:

1. Des *Tuileries.*
2. Des *Champs-Elysées*, y compris Chaillot.
3. De la *Place-Vendôme*, ci-devant des Piques.
4. Du *Roule*, ci-devant de la République.

2e. *Arrondissement.*

5. *Lepelletier*, ci-devant Filles-St.-Thomas et de la Bibliothèque.

6. Du *Mont-Blanc*, ci-devant Capucins-St.-Louis, Grange-Batelière, Mirabeau.

7. De la *Butte-des-Moulins*, ci-devant St.-Roch, de la Montagne.

8. Du *Faubourg-Montmartre.*

3e. *Arrondissement.*

9. Du *Contrat-Social*, ci-devant des Postes.

10. De *Brutus*, ci-devant de la Fontaine-Montmo-
rency, de Molière et la Fontaine.

11. Du *Mail*, ci-devant des Petits-Pères, de la
Place-des-Victoires, Guillaume-Tell.

12. *Poissonnière.*

4e. *Arrondissement.*

13. Des *Gardes-Françaises*, ci-devant l'Oratoire.

14. Des *Marchés*, ci-devant Ste.-Opportune.

15. Du *Muséum*, ci-devant du Louvre.

16. De la *Halle au Blé*, ci-devant de Grenelle.

5e. *Arrondissement.*

17. De *Bonne-Nouvelle.*

18. De *Bon-Conseil*, ci-devant Mauconseil.

19. Du *Nord*, ci-devant des Filles-Dieu, du Fau-
bourg-Denis.

20. De *Bondi*, ci-devant des Récollets.

6e. *Arrondissement.*

21. Des *Lombards.*

22. Des *Gravilliers.*

23. Du *Temple.*

24. Des *Amis-de-la-Patrie*, ci-devant de la Trinité, du Ponceau.

7e. *Arrondissement.*

25. De la *Réunion*, ci-devant de la rue Beaubourg.

26. De l'*Homme-Armé*, ci-devant des Enfans-Rouges, du Marais.

27. Des *Droits de l'homme*, ci-devant du Roi-de-Sicile.

28. Des *Arcis*.

8e. *Arrondissement.*

29. Des *Quinze-Vingts*.

30. De l'*Indivisibilité*, ci-devant de la place Royale, des Fédérés.

31. De *Popincourt*.

32. De *Montreuil*.

9e. *Arrondissement.*

33. De la *Fraternité*, ci-devant de l'île-St.-Louis.

34. De la *Fidélité*, ci-dev. de la Maison-Commune.

35. De l'*Arsenal*.

36. De la *Cité*, ci-devant de l'île Notre-Dame.

10e. *Arrondissement.*

37. De l'*Unité*, ci-devant des Quatre-Nations.

38. De la *Fontaine-de-Grenelle*.

39. De l'*Ouest*, ci-devant de la Croix-Rouge, du Bonnet-Rouge.

40. Des *Invalides*.

11e. *Arrondissement.*

41. Des *Thermes*, ci-devant de Beaurepaire.

42. Du *Luxembourg*, ci-devant de Mucius-Scevola.

43. Du *Théâtre-Français*, ci-dev. des Cordeliers, des Marseillais, de Marat.

44. Du *Pont-Neuf*, ci-devant d'Henri-Quatre, de la Révolution.

12e. *Arrondissement.*

45. Des *Plantes*, ci-devant du Jardin-du-Roi, des Sans-Culottes.

46. De l'*Observatoire*.

47. Du *Finistère*, ci-devant des Gobelins.

48. Du *Panthéon*, ci-devant de Ste-Geneviève.

Nota. On a suivi, pour l'ordre numérique des 48 divisions, la loi du 19 vendémiaire an 4.

Divisions qui avoisinent les barrières.

A U N O R D.

1. Champs-Elysées.
2. Roule.

3. Mont-Blanc.

4. Faubourg-Montmartre.

5. Poissonnière.

6. Nord.

7. Bondi.

8. Temple.

9. Popinconrt.

10. Montreuil.

11. Quinze-Vingts.

AU MIDI.

12. Finistère.

13. Observatoire.

14. Luxembourg.

15. Ouest.

16. Invalides.

Divisions riveraines de la Seine.

AU NORD.

1. Champs-Elysées.

2. Tuileries.

3. Muséum.

4. Pont-Neuf.

5. Cité.

6. Arcis.

7. Fidélité.

8. Arsenal.

9. Quinze-Vingts.

AU MIDI.

10. Finistère.

11. Plantes.

12. Fraternité.

13. Panthéon.

14. Thermes.

15. Théâtre-Français.

16. Unité.

17. Fontaine-de-Grenelle.

18. Invalides.

ETAT ALPHABÉTIQUE

DES RUES, CULS-DE-SACS, RUELLES,
CARREFOURS, ENCLOS, COURS, PORTS,
PLACES, PASSAGES, ILES, QUAIS, PONTS
ET BOULEVARDS DE PARIS.

Nota. Les places, ponts et ports se trou-
vent à la lettre *P*, et les quais à la
lettre *Q*.

A

ABBATIALE (rue), enclos de l'Abbaye-St.-Germain,
division de l'Unité, 10°. arrondissement.

Abbaye St.-Germain (carrefour de l'), en entrant par
la rue de Bussy; à droite, div. de l'Unité, 10°. arr.;
à gauche, Luxembourg, 11°. arr.

Abbaye-St.-Germain (enclos, cour et passage de l'),
div. de l'Unité, 10°. arr.

Ablon (rue d'), ou Neuve-St.-Médard. Voir *Médard.*

Abreuvoir (rue de l'), au bout du terrein de la Cité,
div. de la Cité, 9°. arr.

Aguesseau (rue d'), faubourg St.-Honoré, div. du
Roule, 1°r. arr.

Aguesseau (passage du marché d'), boulevard et rue
de la Madeleine, div. de la Place-Vendôme, 1°r, arr.

Aiguillerie (rue de l'), Ste.-Opportune, div. des Marchés, 4°. arr.

Air (rue de l') ou des Rats, faubourg Charonne, div. de Popincourt, 8ᵃ. arr.

Albiac. Voir *Champ-d'Albiac.*

Albine (rue) ou des Petits-Champs, faubourg St.-Marcel. Voir *Champs.*

Albret (cour d'), rue des Sept-Voies, montagne Ste.-Geneviève, div. du Panthéon, 12ᵉ. arr.

Aligre (rue d'), faubourg St.-Antoine, div. des Quinze-Vingts, 8ᵉ. arr.

Alouette. Voir *Champ-d'Alouette.*

Alpes (rue des), ci-devant Baujolois, div. du Temple, 6ᵉ. arr.

Amandiers (rue des), div. Popincourt, 8ᵉ. arr.

Amandiers (rue des), Ste.-Geneviève, div. du Panthéon, 12ᵉ. arr.

Amboise (rue d'), Italiens, div. Lepelletier, 2ᵉ. arr.

Amboise (cul-de-sac d'), place Maubert, div. du Panthéon, 12ᵉ. arr.

Ambroise (rue d'), div. de Popincourt, 8ᵉ. arr.

Amelot (rue), porte St.-Antoine ; de la porte St.-Antoine à la rue d'Aval, div. de Montreuil, 8ᵉ. arr. ; de la rue d'Aval à celle de Ménilmontant, div. de Popincourt, 8ᵉ. arr.

Anastase (rue St.-), au Marais, div. de l'Indivisibilité, 8ᵉ. arr.

Anastase (rue Neuve-St.-), St.-Paul, div. de l'Arsenal, 9ᵉ. arr.

Ancre-National (passage de l'), ci-devant de la Croix-de-Lorraine ; de la rue St.-Denis à celle Bourg-l'Abbé, div. des Amis-de-la-Patrie, 6ᵉ. arr.

André (rue St.-), faubourg de la Roquette , div. de Popincourt , 8ᵉ. arr.

André-des-Arts (rue et passage St.-), div. du Théâtre-Français , 11ᵉ. arr.

André-Malet. Voir *Coq.*

Ange (rue St.-), faubourg St.-Martin, div. de Bondi , 5ᵉ. arr.

Anges (rue des deux), faubourg St. Germain , div. de l'Unité , 10ᵉ. arr.

Angivilliers (rue d'), St.-Honoré , div. des Gardes-Françaises , 4ᵉ. arr.

Anglais (rue des) , place Maubert , div. du Panthéon , 12ᵉ. arr.

Anglais (cul-de-sac des) , rue Beaubourg , div. de la Réunion , 7ᵉ. arr.

Anglaises. Voir *Filles-Anglaises.*

Angoulême (rue d') , boulevard du Temple , div. du Temple , 6ᵉ. arr.

Angoulême (rue d'), Champs-Elysées. Voir *Union.*

Angoumois. Voir *Charlot.*

Anjou (rue d') , faubourg St.-Honoré , div. du Roule , 1ᵉʳ. arr.

Anjou (rue d') ou de Vaujours , au Marais , div. de l'Homme-Armé , 7ᵉ. arr.

Anjou (rue d'), Thionville, div. de l'Unité , 10ᵉ. arr.

Anne (rue Ste.-), ou la Nouvelle-France; en entrant par le faubourg Poissonnière , à gauche , div. du Faubourg-Montmartre , 2ᵉ. arr. ; à droite , div. Poissonnière , 3ᵉ. arr.

Anne (rue Ste.-), au Palais de justice, div. du Pont-Neuf, 11e. arr.

Anne (rue) ci-devant Ste. Voir *Helvétius.*

Anne (passage Ste.-), rue de l'Arbre-Sec, div. du Muséum, 4e. arr.

Antin (rue d'), div. Lepelletier, 2e. arr.

Antoine (rue St.-) ; 1°. à droite, du boulevard à la rue Culture-Ste.-Catherine, div. de l'Indivisibilité, 8e, arr. ; de la rue Culture-Ste.-Catherine à la rue de la Tixeranderie, div. des Droits-de-l'Homme, 7e. arr. ; 2°. à gauche, de la place St.-Antoine à la rue de Fourcy, div. de l'Arsenal, 9e. arr. ; de la rue de Fourcy à celle des Barres, div. de la Fidélité, 9e. arr.

Antoine (rue du Faubourg-St.-) ; en entrant par la rue St.-Antoine, à gauche, du boulevard à la barrière de Vincennes , div. de Montreuil, 8e. arr. ; à droite, de la rue des Fossés-St.-Antoine à la barrière, div. des Quinze-Vingts, 8e. arr.

Antoine (rue des Fossés-St.-), ou des Contrescarpes, ou des Fossés-de-la-Bastille ; de la place St.-Antoine au bord de l'eau, à droite, div. de l'Arsenal, 9e. arr. ; à gauche, div. des Quinze-Vingts, 8e. arr.

Apoline (rue Ste.-), porte St.-Denis, div. des Amis-de-la-Patrie, 6e. arr.

Arbalète (rue de l'), faubourg St.-Jacques, div. de l'Observatoire, 12e. arr.

Arbre-Sec (rue de l'), St.-Honoré ; de la place des Trois-Maries au carrefour de la rue des Fossés-St.-Germain-l'Auxerrois, des deux côtés, div. du Muséum, 4e. arr. ; de ce carrefour à la rue St.-

Honoré, des deux côtés, div. des Gardes-Françaises, 4ᵉ. arr.

Arcade (rue de l'), à la Pologne ; en entrant par
la rue de la Madeleine, à droite, div. de la Place-
Vendôme, 1ᵉʳ. arr.; à gauche, div. du Roule, 1ᵉʳ. arr.

Arcade (rue de l'). Voir *Nazareth*.

Arcade-Colbert (rue de l'), Vivienne, div. Lepelletier, 2ᵉ. arr.

Arche (passage de l'), ou du Navet, ou des Trois-
Bouteilles, rue de la Tannerie, div. des Arcis,
7ᵉ. arr.

Arche-Marion (rue de l'), St.-Germain-l'Auxerrois,
div. du Muséum, 4ᵉ. arr.

Arche-Pepin (rue de l'), div. du Muséum, 4ᵉ. arr.

Arcis (rue des); en entrant par la rue Planche-
Mibray, à droite, div. des Arcis, 7ᵉ. arr.; à gauche,
div. des Lombards, 6ᵉ. arr.

Arcole (rue d'), ci-devant Baujolois, Palais-du-
Tribunat, div. de la Butte-des-Moulins, 2ᵉ. arr.

Argenson (cul-de-sac d'), Vieille-rue-du-Temple,
div. des Droits-de-l'Homme, 7ᵉ. arr.

Argenteuil (cul-de-sac d'), rue du Rocher, à la
Pologne, div. du Roule, 1ᵉʳ. arr.

Argenteuil (rue d') Butte-St.-Roch., div. de la Butte-
des-Moulins, 2ᵉ. arr.

Arras (rue d'); de la rue St.-Victor à celle Traversine, des deux côtés, div. du Jardin-des-Plantes,
12ᵉ. arr. ; de la rue Traversine à celle Clopin, des
deux côtés, div. du Panthéon, 12ᵉ. arr.

Arsenal (passage des cours de l'), div. de l'Arsenal,
9ᵉ. arr.

Artois (rue d'). Voir *Cérutti.*

Astorg (rue d') , faubourg St.-Honoré, div. du Roule, 1er. arr.

Aubry-Boucher (rue), div. des Lombards , 6e. arr.

Audriettes (rue des), Port-au-Blé , div. de la Fidélité , 9e. arr.

Audriettes (rue des Vieilles-) , au Marais, div. de l'Homme-Armé , 7e. arr.

Augustin (rue Neuve-St.-) , div. Lepelletier, 2e. arr.

Augustins (rue des Vieux-) , Montmartre , div. du Mail , 3e. arr.

Augustins (rue des Grands-) , St.-André-des-Arts , div. du Théâtre-Français , 11e. arr.

Augustins (rue des Petits-) , quai Malaquay , div. de l'Unité , 10e. arr.

Aumaire (rue) , St.-Martin , div. des Gravilliers , 6e. arr.

Aumont (cul-de-sac) , rue de la Petite-Mortellerie , div. de l'Arsenal , 9e. arr.

Autun (cour du collége d'), rue St.-André-des-Arts , div. du Théâtre-Français , 11e. arr.

Auvergne. Voir *Tour d'.*

Aux-Fers (rue) , à la Halle , div. des Marchés , 4e. arr.

Aux-Fèves (rue) , div. de la Cité , 9e. arr.

Aval (rue d') , porte St.-Antoine ; en entrant par la rue Amelot , à droite , div. de Montreuil , 8e. arr. ; à gauche , div. de Popincourt , 8e. arr.

Avé (rue de l') , cours de l'Arsenal , div. de l'Arsenal , 9e. arr.

Ave-Maria (cul-de-sac de l'), rue des Barrés, div. de l'Arsenal, 9ᵉ. arr.

Aveugles (rue des), St.-Sulpice, div. du Luxembourg, 11ᵉ. arr.

Avignon (rue d'), St.-Denis ; div. des Lombards, 6ᵉ. arr.

Aviron (cul-de-sal). Voir *Fourcy.*

Avoie (rue Ste.-) ; en entrant par la rue Bar-du-Bec, à gauche, div. de la Réunion, 7ᵉ. arr. ; à droite, div. de l'Homme-Armé, 7ᵉ. arr.

B

BABILLARDS (cul-de-sac des), rue Basse-St.-Denis, div. Poissonière, 5ᵉ. arr.

Babille (rue), div. de la Halle-au-Blé, 4ᵉ. arr.

Babylone (rue de), faubourg St.-Germain, div. de l'Ouest, 10ᵉ. arr.

Bac (rue du) ; des deux côtés, du quai Voltaire à la rue de Grenelle, div. de la Fontaine-de-Grenelle, 10ᵉ. arr. ; de la rue de Grenelle à celle de Sèves, div. de l'Ouest, 10ᵉ. arr.

Bac (rue du Petit-), faubourg St.-Germain, div. de l'Ouest, 10ᵉ. arr.

Baffaut. Voir *Basfroid.*

Bagneux (rue de), Vaugirard, div. de l'Ouest, 10ᵉ. arr.

Baillet (rue), Arbre-Sec, div. du Muséum, 4ᵉ. arr.

Bailleul (rue), *idem*, div. des Gardes-Françaises, 4ᵉ. arr.

Baillif (rue), place des Victoires, div. de la Halle-au-Blé, 4ᵉ. arr.

Bailli (rue), enclos St.-Martin , div. des Gravil-
iers , 6°. arr.

Bains (rue des), à Chaillot, div. des Champs-Elysées,
1er. arr.

Ballets (rue des), St.-Antoine , div. des Droits-de-
l'Homme , 7°. arr.

Banquier (rue du), faubourg St.-Marcel , div. du
Finistère , 12°. arr.

Barbe (rue Ste.-), Boulevard , div. de Bonne-Nouvelle , 5°. arr.

Barbe (rue Ste.·), St.-Jacques, div. du Panthéon ,
12°. arr.

Barbette (rue), au Marais , div. de l'Indivisibilité ,
8°. arr.

Bar-du-Bec (rue); en entrant par la rue de la Verrerie , à droite, div. des Droits-de-l'Homme , 7°.
arr. ; à gauche, div. de la Réunion , 7°. arr.

Barillerie (rue de la); du côté du Palais de justice ,
div. du Pont-Neuf , 11°. arr. ; de l'autre côté, div.
de la Cité , 9°. arr.

Barnabites (cour des) , div. de la Cité , 9°. arr.

Barouillère (rue), faubourg St.-Germain , div. de
l'Ouest , 10°. arr.

Barre (rue de la). Voir *Scipion.*

Barres (rue des), St.-Gervais , div. de la Fidélité ,
9°. arr.

Barrés (rue des) , St·-Paul, div. de l'Arsenal , 9°. arr.

Barrière (rue de la), faubourg St.-Marcel , div. du
Finistère , 12°. arr.

Barrière-des-Sergens (rue de la) , ci-devant du Pélican , ou Purgée , div. de la Halle-au-Blé , 4ᵉ. arr.

Barthélemy (rue St.-) ; en entrant par le Pont-au-Change , à droite , div. du Pont-Neuf , 11ᵉ. arr. ; à gauche , div. de la Cité , 9ᵉ. arr.

Barthélemy (cul-de-sac St.-) , rue de la Vieille-Draperie , div. de la Cité , 9ᵉ. arr.

Basfour (cul-de-sac) , rue St.-Denis , div. des Amis-de-la-Patrie , 6ᵉ. arr.

Basfroid (rue) ou Baffaut , div. de Popincourt , 8ᵉ. arr.

Basse-Courtille (rue de la) ; en montant , à droite , div. du Temple , 6ᵉ. arr. ; à gauche , div. de Bondi , 5ᵉ. arr.

Basse-St.-Denis (rue) , porte St.-Denis , div. Poissonnière , 3ᵉ. arr.

Basse-d'Orléans (rue) , porte St.-Denis , div. du Nord , 5ᵉ. arr.

Basse-St.-Pierre (rue) , à Chaillot , div. des Champs-Elysées , 1ᵉʳ. arr.

Basse-du-Rempart (rue) , boulevards des Capucines et de la Madeleine, div. de la Place-Vend. , 1ᵉʳ. arr.

Basse-des-Ursins. Voir *Ursins*.

Bastille (cul-de-sac de la Petite-) , rue de l'Arbre-Sec , div. du Muséum , 4ᵉ. arr.

Basville (rue) , cour de Lamoignon , Palais de justice , div. du Pont-Neuf , 11ᵉ. arr.

Batailles (rue et petite rue des) , à Chaillot , div. des Champs-Elysées , 1ᵉʳ. arr.

Batave (cul-de-sac) , ci-devant de Venise , rue Quincampoix , div. des Lombards , 6ᵉ. arr.

Batave (cour), ci-devant le Sépulcre, rue St.-Denis, div. des Lombards, 6ᵉ. arr.

Batave (rue), ci-devant Valois, div. des Tuileries, 1ᵉʳ. arr.

Battoir (rue du), Haute-Feuille, div. du Théâtre-Français, 11ᵉ. arr.

Battoir (rue du), St.-Victor ; en entrant par la rue Copeau, à droite, jusqu'à celle du Puits-l'Hermite, et à gauche, jusqu'à celle d'Orléans, div. du Jardin-des-Plantes, 12ᵉ. arr. ; à droite, de la rue du Puits-l'Hermite à celle d'Orléans, div. du Finistère, 12ᵉ. arr.

Baudet (porte). Voir *Place-Baudoyer.*

Baudet (ruelle), à Chaillot, div. des Champs-Elysées, 1ᵉʳ. arr.

Baudin (ruelle), rue St.-Lazare, div. du Mont-Blanc, 2ᵉ. arr.

Baudoirie. Voir *Poirier.*

Baudoirie (cul-de-sac de la), rue de la Corroierie, div. de la Réunion, 7ᵉ. arr.

Baujolois. Voir *Hoche.*

Baujolois. Voir *Alpes.*

Baujolois. Voir *Arcole.*

Bavière (cul-de-sac), rue Bordet, div. du Jardin-des-Plantes, 12ᵉ. arr.

Beaubourg (rue) ou fausse Poterne, div. de la Réunion, 7ᵉ. arr.

Beauce (rue de), au Marais, div. de l'Homme-Armé, 7ᵉ. arr.

Beauce (rue Jean-de-). Voir *Jean.*

Beaudouin (cul-de-sac), rue St.-Lazare, div. du Roule, 1er. arr.

Beaufort (cul-de-sac et passage), rue St.-Denis, div. des Lombards, 6e. arr.

Beaujon (rue de), faubourg St.-Honoré, div. des Champs-Elysées, 1er. arr.

Beaune (rue de), div. de la Fontaine-de-Grenelle, 10e. arr.

Beauregard (rue), Poissonnière, div. de Bonne-Nouvelle, 5e. arr.

Beaurepaire (rue) Montorgueil, div. Bon-Conseil, 5e. arr.

Beausire (rue Jean-de-). Voir *Jean.*

Beautreillis (rue), St.-Antoine, div. de l'Arsenal, 9e. arr.

Beauvais (rue de); en entrant par la rue Froimanteau, à droite, div. du Muséum, 4e. arr.; à gauche, div. des Gardes-Franç ises, 4e. arr.

Beauvais (rue St.-Jean-de-). Voir *Jean.*

Beauveau (rue de), faubourg St.-Honoré, div. des Champs-Elysées, 1er. arr.

Beauveau (rue de), faubourg St.-Antoine, div. des Quinze-Vingts, 8e. arr.

Belier. Voir *Beurière.*

Belle-Châsse (rue), quai d'Orsay, div. de la Fontaine-de-Grenelle, 10e. arr.

Bellefond (rue), div. du Faubourg-Montmartre, 2e. arr.

Benoît (rue St.-), enclos St.-Martin, div. des Gravilliers, 6e. arr.

Benoît (rue et carrefour St.-), faubourg St.-Germain , div. de l'Unité , 10ᵉ. arr.

Benoît-(enclos et passage St.-), rue St.-Jacques , div. des Thermes , 11ᵉ. arr.

Benoît (cul–de–sac St.-), ou de la Petite-Tacherie , ou ruelle des Bons-Enfans ; rue de la Tacherie , à la Grêve , div. des Arcis , 7ᵉ. arr.

Benoît (cour St.-) , rue de l'Arbalètre , faubourg St.-Jacques , div. de l'Observatoire 12ᵉ. arr.

Benoît (rue du Cimetière-St.-). Voir *Cimetière-*.

Bercy (rue de), Cimetière-St.-Jean , div. des Droits-de-l'Homme , 7ᵉ. arr.

Bercy (rue de), faubourg Charenton , div. des Quinze-Vingts , 8ᵉ. arr.

Bergère (rue), div. du Faubourg-Montmartre, 2ᵉ. arr.

Bernard (rue et cul-de-sac St.-), faubourg St.-Antoine , div. de Montreuil , 8ᵉ. arr.

Bernard (rue des Fossés-St.-). Voir *Fossés.*

Bernardins (rue , enclos et passage des), St.-Victor, div. du Jardin-des-Plantes , 12ᵉ. arr.

Berry (rue de), au Marais, div. de l'Homme-Armé , 7ᵉ. arr.

Berry (rue Neuve-), ou de l'Union ; faubourg du Roule , div. des Champs-Elysées , 1ᵉʳ. arr.

Bertaut (cul-de-sac), rue Beaubourg , div. de la Réunion , 7ᵉ. arr.

Bertin-Poirée (rue), St.-Germain-l'Auxerrois, div. du Muséum , 4ᵉ. arr.

Béthysy (rue) ; en entrant par la rue de la Monnoie, à droite , div. du Muséum , 4ᵉ. arr. ; à gauche , div. des Gardes-Françaises , 4ᵉ. arr.

Beurière (rue), Breneuse ou Belier ; faubourg St.-
Germain , div. du Luxembourg , 11ᵉ. arr.

Biches (rue et cul-de-sac du Pont-aux-), St.-Mar-
tin , div. des Gravilliers , 6ᵉ. arr.

Biches (rue du Pont-aux-), ou de la Miséricorde ;
div. du Jardin–des-Plantes , 12ᵉ. arr.

Bienfaisance (rue de la), près Mousseaux , div. du
Roule , 1ᵉʳ. arr.

Bièvre (rue de), place Maubert , div. du Panthéon ,
12ᵉ. arr.

Bièvre (rue de), ou des Gobelins; faubourg St.-
Marcel , div. du Finistère , 12ᵉ. arr.

Bigot (rue), ou de l'Egalité , ci-devant Monsieur ;
faubourg St.-Germain , div. de l'Ouest , 10ᵉ. arr.

Billettes (rue et cul-de-sac des), au Marais , div. des
Droits-de-l'Homme , 7ᵉ. arr.

Biron (rue de), faubourg St.-Jacques , div. de l'Observatoire , 12ᵉ. arr.

Biron (rue Neuve - de-), ou ruelle des Marais ; div.
des Champs-Elysées , 1ᵉʳ. arr.

Bissy (rue de), Foire-St.-Germain , div. du Luxembourg , 11ᵉ. arr.

Bizet (cul-de-sac), rue St.-Lazare , div. du Roule ,
1ᵉʳ. arr.

Blanche (rue), faubourg du Temple , div. du Temple , 6ᵉ. arr.

Blanche (rue ci-devant de la Reine-), faubourg
St.-Marcel , div. du Finistère , 12ᵉ. arr.

Blanche (rue), faubourg St.-Lazare , div. du Mont-
Blanc , 2ᵉ. arr.

Blancs-Manteaux (rue des) , au Marais , div. de l'Homme-Armé , 7°. arr.

Bleue (rue), ou d'Enfer, faubourg Poissonnière , div. du Faubourg-Montmartre , 2°. arr.

Blomet. Voir *Plumet*.

Bœuf (cul-de-sac du), rue St.-Merry , div. de la Réunion , 7°. arr.

Bœuf (rue du), div. des Arcis , 7°. arr.

Bœufs (cul-de-sac de la cour des), rue des Sept-Voies, div. du Panthéon , 12°. arr.

Bœufs (rue St.-Pierre-aux-). Voir *Pierre*.

Boileau (rue), place de l'Odéon , div. du Théâtre-Français , 11°. arr.

Bois-de-Boulogne (passage du) , rue Basse-Porte-St.-Denis et faubourg St.-Denis , div. du Nord , 5°. arr.

Bon (rue St.-), div. des Arcis , 7°. arr.

BONAPARTE (rue) , Abbaye-St.-Germain , div. de l'Unité , 10°. arr.

Bon-Conseil (rue), ci-devant Mauconseil , div. de Bon-Conseil , 5°. arr.

Bondi (rue de) , porte St.-Martin , div. de Bondi , 5°. arr.

Bonne-Eau (rue), quai d'Orsay , div. de la Fontaine-de-Grenelle , 10°. arr.

Bonne-Fille. Voir *Jehan*.

Bonne-Morue. Voir *Champs-Elysées*.

Bonne-Nouvelle (rue Notre-Dame-de-) , boulevard , div. de Bonne-Nouvelle , 5°. arr.

Bon-Puits (rue et cul-de-sac du), St.-Victor , div. du Jardin-des-Plantes , 12°. arr.

Bons-Enfans (rue des) ; en entrant par la rue St.-Honoré , à droite , div. de la Halle-au-Blé , 4e. arr. ; à gauche , Butte-des-Moulins , 2e. arr.

Bons-Enfans (rue Neuve-des-) ; en entrant par la rue Neuve-des-Petits-Champs , à droite , div. de la Butte-des-Moulins , 2e. arr. ; à gauche , div. de la Halle-au-Blé , 4e. arr.

Bons-Enfans (ruelle des). Voir *Benoît.*

Bordet (rue) ; en entrant par la Montagne-Ste.-Geneviève , à droite , jusqu'à la rue de Fourcy , et à gauche , jusqu'à la rue Clopin , div. du Panthéon , 12e. arr. ; et de la rue Clopin à celle des Fossés-St.-Victor , div. du Jardin-des-Plantes , 12e. arr.

Bornes (rue des) , à Chaillot , div. des Champs-Elysées , 1er. arr.

Bornes (rue des Trois-) , ci-devant St.-Maur ; faubourg du Temple , div. du Temple , 6e. arr.

Boucher (rue) , div. du Muséum , 4e. arr.

Boucherat (rue) , au Marais , div. du Temple , 6e. arr.

Boucherie (rue de la) , Gros-Caillou , div. des Invalides , 10e. arr.

Boucherie. Voir *Jacques-de-la-.*

Boucheries (rue des) , St.-Honoré , div. de la Butte-des-Moulins , 2e. arr.

Boucheries (rue des) , faubourg St.-Germain ; en entrant par la rue des Fossés-St.-Germain-des-Prés , à droite, div. de l'Unité, 10e. arr. ; à gauche, div. du Luxembourg , 11e. arr.

Boucheries (rue des Petites-) , Abbaye-St.-Germain, div. de l'Unité , 10e. arr.

Bouclerie (rue de la Vieille-); en entrant par le Pont-St.-Michel, à droite, div. du Théâtre-Français, 11e arr.; à gauche, div. des Thermes, 11e. arr.

Boudreau (rue), chaussée d'Antin, div. de la Place-Vendôme, 1er. arr.

Boulainvilliers (passage), rues du Bac et de Beaune, div. de la Fontaine-de-Grenelle, 10e. arr.

Boulangers (rue des), St.-Victor, div. du Jardin-des-Plantes, 12e. arr.

Boule-Rouge (cul-de-sac de la), rue et div. du Faubourg-Montmartre, 2e. arr.

Boules (rue des Deux-), St.-Germain-l'Auxerrois, div. du Muséum, 4e. arr.

Boules (rue des Deux-). Voir *Fossés-St.-Marcel.*

Boulets (rue des), Charonne, div. de Montreuil, 8e. arr.

Boulevards du Nord :

1°. Boulevard de la Madeleine, depuis la porte St.-Honoré jusqu'au carrefour des rues Caumartin et Neuve-des-Capucines ; des deux côtés, div. de la Place-Vendôme, 1er. arr.

2°. Boulevard des Capucines, depuis ce carrefour jusqu'à celui des rues du Mont-Blanc et de la Place-Vendôme ; des deux côtés, div. de la Place-Vendôme, 1er. arr.

3°. Boulevard d'Antin, entre le carrefour des rues du Mont-Blanc et de la Place-Vendôme, et celui des rues de la Loi et Grange-Batelière ; de la rue du Mont-Blanc à la rue Grange-Batelière, div. du Mont-Blanc, 2e. arr.; de la rue de la Place-Vendôme à la rue de la Loi, div. Lepelletier, 2e. arr.

D

4°. Boulevard Montmartre, entre les rues de la Loi et Grange-Batelière, et les rues Montmartre et du Faubourg-Montmartre; de la rue Grange-Batelière à celle du Faubourg-Montmartre, div. du Mont-Blanc, 2°. arr.; de la rue de la Loi à la rue Montmartre, div. Lepelletier, 2°. arr.

5°. Boulevard Poissonnière, entre les rues Montmartre et du Faubourg-Montmartre, et les rues Poissonnière et du Faubourg-Poissonnière; du faubourg Montmartre au faubourg Poissonnière, div. du Faubourg-Montmartre, 2°. arr.; de la rue Montmartre à la rue Poissonnière, div. de Brutus, 3°. arr.

6°. Boulevard St.-Denis, entre le carrefour Poissonnière et la porte St.-Martin; de la rue du Faubourg-Poissonnière au faubourg St.-Denis, div. Poissonnière, 3°. arr.; et du faubourg St.-Denis au faubourg St.-Martin, div. du Nord, 5°. arr.; de la rue Poissonnière à la rue St.-Denis, div. de Bonne-Nouvelle, 5°. arr.; et de la rue St.-Denis à la rue St.-Martin, div. des Amis-de-la-Patrie, 6°. arr.

7°. Boulevard St.-Martin, entre la porte St.-Martin et la porte du Temple; du faubourg St.-Martin au faubourg du Temple, div. de Bondi, 5°. arr.; de la rue St.-Martin à la rue du Temple, div. des Gravilliers, 6°. arr.

8°. Boulevard du Temple, depuis la porte du Temple jusqu'aux rues des Filles-du-Calvaire et de Ménilmontant, des deux côtés, div. du Temple, 6°. arr.

9°. Boulevard St.-Antoine, depuis les deux rues ci-dessus jusqu'à la porte St.-Antoine; de la rue de Ménilmontant à celle d'Aval, div. de Popincourt, 8°. arr.;

et de la rue d'Aval à la porte St.-Antoine, div. de Montreuil, 8e. arr.; de la rue des Filles-du-Calvaire à la rue St.-Antoine, div. de l'Indivisibilité, 8e. arr.

Boulevard du Midi :

1°. Boulevard de l'Hôpital, depuis le bord de l'eau jusqu'à la rue Mouffetard; des deux côtés, div. du Finistère, 12e. arr.

2°. Boulevard des Gobelins, depuis la rue Mouffetard jusqu'à la rue du Moulin-de-Croulebarbe; des deux côtés, div. du Finistère, 12e. arr.

3°. Boulevard de la Glacière, depuis la rue du Moulin-de-Croulebarbe jusqu'à la rue de l'Oursine; des deux côtés, div. du Finistère, 12e. arr.

4°. Boulevard St.-Jacques, depuis la rue de l'Oursine jusqu'à la rue d'Enfer; des deux côtés, div. de l'Observatoire, 12e. arr.

5°. Boulevard d'Enfer, depuis la rue d'Enfer jusqu'à la rue du Mont-Parnasse; des deux côtés, div. de l'Observatoire, 12e. arr.

6°. Boulevard du Mont-Parnasse, depuis la rue Notre-Dame-des-Champs jusqu'à la rue de Vaugirard; des deux côtés, div. du Luxembourg, 11e. arr.

7°. Boulevard des Invalides, depuis la rue de Vaugirard jusqu'aux Invalides; de la rue de Vaugirard à celle de Sèves, des deux côtés, div. de l'Ouest, 10e. arr.; de la rue de Sèves à la rue de Varenne, à droite, div. de l'Ouest, 10e. arr.; à gauche, div. des Invalides, 10e. arr.; de la rue de Varenne aux Invalides, div. des Invalides, 10e. arr.

Bouloi (rue du), div. de la Halle-au-Blé, 4e. arr.

Bouquet-des-Champs (rue du), div. des Champs-Elysées, 1er. arr.

Bourbe (rue de la), faubourg St.-Jacques, div. de l'Observatoire, 12°. arr.

Bourbon (rue de), faubourg St.-Germain. Voir *Lille.*

Bourbon-le-Château. Voir *Chaumière.*

Bourbon (rue du Petit-). Voir *Muséum.*

Bourbon (rue du Petit-). Voir *Sulpice.*

Bourbon-Villeneuve (rue). Voir *Egalité.*

Bourdonnois (rue des), St.-Honoré, div. des Gardes-Françaises, 4e. arr.

Bourg-l'Abbé (rue), Grenétat, div. des Amis-de-la-Patrie, 6e. arr.

Bourgogne (rue de), faubourg St.-Germain ; en entrant par le quai BONAPARTE, à gauche, jusqu'à la rue de Grenelle, div. de la Fontaine-de-Grenelle, 10°. arr., et de la rue de Grenelle à celle Varenne, div. de l'Ouest, 10°. arr. ; à droite, jusqu'à la rue de Varenne, div. des Invalides, 10°. arr.

Bourguignons (rue des), faubourg St.-Jacques, div. de l'Observatoire, 12°. arr.

Bourtibourg (rue), Cimetière-St.-Jean, div. des Droits-de-l'Homme, 7°. arr.

Bout-du-Monde (rue du), Montmartre, div. de Brutus, 3e. arr.

Boutebrie (rue), St.-Jacques, div. des Thermes, 11°. arr.

Bouteille (cul-de-sac de la), rue Montorgueil, div. du Contrat-Social, 3e. arr.

Bouteilles (passage des Trois-). Voir *Arche.*

Bouvart (cul-de-sac), rue du Mont-St.-Hilaire, div. du Panthéon, 12e. arr.

Boyauterie (rue de la), faubourg St.-Martin, div. de Bondi, 5e. arr.

Braque (rue de), au Marais, div. de l'Homme-Armé, 7e. arr.

Brasserie (cul-de-sac de la) ou des Prêcheurs ; rue Traversière-St.-Honoré, div. de la Butte-des-Moulins, 2e. arr.

Brave (rue du), faubourg St.-Germain, div. du Luxembourg, 11e. arr.

Braves (rue des), faubourg et div. du Temple, 6e. arr.

Breneuse. Voir *Beurière.*

Bretagne (rue de), au Marais ; en entrant par la rue de la Corderie, à gauche, div. du Temple, 6e. arr.; à droite, div. de l'Homme-Armé, 7e. arr.

Breteuil (rue de), enclos St.-Martin, div. des Gravilliers, 6e. arr.

Bretonnerie (rue Ste.-Croix-de-la-). Voir *Croix.*

Bretonnerie (rue de la Petite-), div. du Panthéon, 12e. arr.

Bretonvilliers (rue), Ile-de-la-Fraternité, div. de la Fraternité, 9e. arr.

Brise-Miche (rue), St.-Merry, div. de la Réunion, 7e. arr.

Broc (cul-de-sac du Petit-), enclos du Temple, div. du Temple, 6e. arr.

Brodeurs (rue des), Sèves, div. de l'Ouest, 10e. arr.

Brunette (rue), à Chaillot, div. des Champs-Elysées, 1er. arr.

Brutus (cul-de-sac), rue Coquenard, div. du Faubourg-Montmartre, 2e. arr.

Bucherie (rue de la), St.-Jacques, div. du Panthéon, 12e. arr.

Buffaut (rue), div. du Faubourg-Montmartre, 2e. arr.

Buffon (rue de); en entrant par la rue du Jardin-des-Plantes, à droite, div. du Finistère, 12e. arr. ; à gauche, div. du Jardin-des-Plantes, 12e. arr.

Buisson (rue du Vert-). Voir *Vert-Buisson.*

Buisson-St.-Louis (rue du), div. de Bondi, 5e. arr.

Bussy (rue et carrefour), div. de l'Unité, 10e. arr.

Buttes (rue des), Picpus, div. des Quinze-Vingts, 8e. arr.

C

Cadet (rue), div. du Faubourg-Montmartre, 2e. arr.

Cagnardi (abreuvoir du), ou Mâcon; au coin du pont St.-Michel et de la rue de la Huchette, div. des Thermes, 11e. arr.

Caillou (rue du Gros-). Voir *Université.*

Caillou (rue du Haut-). Voir *Haut-Caillou.*

Caire (rue et passage du), St.-Denis, div. de Bonne-Nouvelle, 5e. arr.

Calande (rue de la), div. de la Cité, 9e. arr.

Calonne. Voir *Contrat-Social.*

Calvaire. Voir *Filles-du-.*

Canettes (rue des), St.-Sulpice, div. du Luxembourg, 11e. arr.

Canettes (rue des Trois-), St.-Christophe, div. de la Cité, 9e. arr.

Canivet (rue du), St.-Sulpice, div. du Luxembourg, 11e. arr.

Capucines (rue Neuve-des-), div. de la Place-Vendôme, 1er. arr.

Capucins. Voir *Champ-des-*.

Capucins (passage des). Voir *Feuillans*.

Capucins-Neufs (rue des). Voir *Joubert*.

Cardinale (rue), enclos de l'Abbaye-St.-Germain, div. de l'Unité, 10e. arr.

Carême-Prenant (rue), faubourg du Temple, div. de Bondi, 5e. arr.

Cargaisons (rue des), Marché-Neuf, div. de la Cité, 9e. arr.

Carmelites (cour et cul - de - sac des), rue d'Enfer, div. de l'Observatoire, 12e. arr.

Carmes (rue des), montagne Ste.-Geneviève, div. du Panthéon, 12e. arr.

Carneau (rue du), ou abreuvoir des Grands-Degrés; div. du Panthéon, 12e. arr.

Caron (rue), au Marais, div. de l'Indivisibilité, 8e. arr.

Carpentier (rue) ou Charpentier; faubourg St.-Germain, div. du Luxembourg, 11e. arr.

Carré du Pont-Rouge. Voir *Pont-Rouge*.

Carreaux (rue des Petits-); en entrant par la rue Montorgueil, à droite, div. de Bonne-Nouvelle, 5e. arr. ; à gauche, div. de Brutus, 3e. arr.

Carreaux (cour des). Voir *Miracles*.

Carrières (rue des), à Chaillot, div. des Champs-Elysées, 1er. arr.

Carrouzel (rue du), (supprimée par l'agrandissement de la place du Carrouzel.)

Cassette (rue), Vaugirard, div. du Luxembourg, 11e. arr.

Cassini (rue), près de l'Observatoire, div. de l'Observatoire, 12e. arr.

Catherine (rue Ste-), St.-Jacques, div. des Thermes, 11e. arr.

Catherine (cour ou cul-de-sac Ste.-), rue St.-Dénis, div. de Bonne-Nouvelle, 5e. arr.

Catherine (rue Culture-Ste.-), ou des Filles-Bleues, au Marais ; de la rue St.-Antoine à la rue Neuve-Ste.-Catherine, à droite, et de la rue Neuve-Ste.-Catherine à la rue du Parc, des deux côtés, div. de l'Indivisibilité, 8e. arr. ; de la rue St.-Antoine à la rue Neuve-Ste.-Catherine, à gauche, div. des Droits-de-l'Homme, 7e. arr.

Catherine (rue neuve Ste-), au Marais ; de la rue Payenne à celle Culture-Ste.-Catherine, à gauche, et de cette dernière à la rue St.-Louis, des deux côtés, division de l'Indivisibilité, 8e. arr. ; de la rue Payenne à celle Culture-Ste.-Catherine, à droite, div. des Droits-de-l'Homme, 7e. arr.

Caumartin (rue), chaussée d'Antin, div. de la Place-Vendôme, 1er. arr.

Cendre (rue de la). Voir *Fossés-St.-Marcel.*

Censier (rue), faubourg St.-Marcel, div. du Finistère, 12e. arr.

Cerf (passage de l'ancien Grand-), rue St.-Denis, div. de Bon-Conseil, 5e arr.

Cerisaye

Cerisaye (rue de la), St.-Antoine, div. de l'Arsenal , 9ᵉ. arr.

Cérutti (rue), ci-devant d'Artois, boulevard des Italiens , div. du Mont-Blanc , 2ᵉ. arr.

Chabanois (rue), div. Lepelletier , 2ᵉ. arr.

Chaillot (grande rue et ruelle de), div. des Champs-Elysées , 1ᵉʳ. arr.

Chaise (passage de la Petite-), rues Planche-Mibraye et Jacques - de - la - Boucherie , div. des Arcis , 7ᵉ. arr.

Chaise (rue de la), faubourg St.-Germain, div. de l'Ouest , 10ᵉ. arr.

Champ-d'Albiac (rue du), faubourg St.-Marcel, div. des Plantes, 12ᵉ. arr.

Champ-de-l'Alouette (rue du), faubourg St.-Marcel, div. du Finistère , 12ᵉ. arr.

Champ-Fleuri (rue du), St.-Honoré, div. des Gardes-Françaises , 4ᵉ. arr.

Champ-de-Mars, ou de la Réunion , et ses environs , div. des Invalides, 10ᵉ. arr.

Champ-des-Capucins (rue du), faubourg St.-Jacques, div. de l'Observatoire, 12ᵉ. arr.

Champ-du-Repos (rue du), ou des Martyrs , barrière Montmartre ; en montant à droite, div. du Faubourg-Montmartre, 2ᵉ. arr.; à gauche, div. du Mont-Blanc, 2ᵉ. arr.

Champlin. Voir *Rempart.*

Champs (rue du Bouquet-des-). Voir *Bouquet.*

Champs (Enclos-St.-Nicolas-des-). Voir *Nicolas.*

Champs (rue Notre-Dame-des-). Voir *Notre-Dame-des-.*

E

Champs (rue des Petits-), St.-Martin, div. de la Réunion , 7e. arr.

Champs (rue Croix-des-Petits-); en entrant par la rue Coquillère, à droite , jusqu'à la place des Victoires, div. du Mail, 3e. arr.; tout le surplus des deux côtés jusqu'à la rue de la Feuillade et jusqu'à celle Coquillère , div. de la Halle - au - Blé , 4e. arr.

Champs (rue Neuve-des-Petits-); en entrant par la place des Victoires ; à droite, du passage des Petits-Pères à la rue Vivienne , div. du Mail, 3e. arr. ; et de la rue Vivienne à la rue de la Place-Vendôme, div. Lepelletier, 2e. arr.; à gauche , de la rue Neuve-des-Bons-Enfans à la place Vendôme, div. de la Butte-des-Moulins, 2e. arr.

Champs (rue des), ou Albine, faubourg St.-Marcel, div. du Finistère, 12e. arr.

Champs-Elysées (rue des), ou de la Bonne-Morue, div. des Champs-Elysées, 1er. arr.

Chandeliers (rue des Trois-), St.-Severin, div. des Thermes, 11e. arr.

Chanoinesse (rue), enclos de la Cité, div. de la Cité, 9e. arr.

Chantereyne (rue). Voir *Victoire.*

Chantier (rue du Grand-) , au Marais, div. de l'Homme-Armé, 7e. arr.

Chantiers (rue des), Pavée, ou de la Planchette, faubourg Charenton, div. des Quinze-Vingts, 8e. arr.

Chantre (rue du), St.-Honoré, div. des Gardes-Françaises, 4e. arr.

Chantres (rue des), enclos de la Cité, div. de la
Cité, 9ᵉ. arr.

Chanverrerie (rue de la); en entrant par la rue St.-
Denis, à droite, div. de Bon-Conseil, 5ᵉ. arr.; à
gauche, div. des Marchés, 4ᵉ. arr.

Chapelle (cour de la Ste.-), ou de la Fontaine,
Palais de Justice, div. du Pont-Neuf, 11ᵉ. arr.

Chapitre (rue du), enclos de la Cité, div. de la Cité,
9ᵉ. arr.

Chapon (rue), au Marais; en entrant par la rue
Transnonain, à droite, div. de la Réunion, 7ᵉ. arr;
à gauche, div. des Gravilliers, 6ᵉ. arr.

Charbonniers (rue des), ou Clochepin, ou du Port-
au-Plâtre, faubourg Charenton, div. des Quinze-
Vingts, 8ᵉ. arr.

Charbonniers (rue des), faubourg St.-Jacques, div.
de l'Observatoire, 12ᵉ. arr.

Chardonet (rue [St.-Nicolas-du-); en entrant par
la rue St.-Victor, à droite, div. du Panthéon, 12ᵉ.
arr.; à gauche, div. du Jardin-des-Plantes, 12ᵉ. arr.

Charenton (rue du faubourg), div. des Quinze-Vingts,
8ᵉ. arr.

Charles (rue St.-), faubourg du Roule, div. du
Roule, 1ᵉʳ. arr.

Charlot (rue), ou Augoumois, au Marais, div. du
Temple, 6ᵉ. arr.

Charlot (rue du Petit-), ou des Oiseaux, au Marais,
div. de l'Homme-Armé, 7ᵉ. arr.

Charonne (rue de); en entrant par le faubourg St.-
Antoine, des deux côtés jusqu'à la rue de Lappe,

et à droite, de la rue de Lappe à la barrière, (
de Montreuil, 8ᵉ. arr.; à gauche, de la rue
-Lappe à la barrière, div. de Popincourt, 8ᵉ. a

Charpentier. Voir *Carpentier.*

Charretière (rue) Ste.-Geneviève, div. du Panthé
12ᵉ. arr.

Chartre (enclos et cul-de-sac St.-Denis-de-la-). V
Denis-de-la-Chartre.

Chartres. Voir *Malthe.*

Chartres. Voir *Mantoue.*

Chartreux (passage des), rue Traînée, div. du Contr
Social, 3ᵉ. arr.

Châtaigniers (rue des). Voir *Poules.*

Chat-Blanc (cul de-sac du), ou des Rats, rue S
Jacques-de-la-Boucherie, div. des Lombard
6ᵃ. arr.

Château-Frileux (ruelle du), quai des Ormes, div.
la Fidélité, 9ᵉ. arr.

Chat-qui-Pêche (rue du), de la Huchette, div. (
Thermes, 11ᵃ. arr.

Château-Landon (rue), faubourg St.-Martin, div.
Nord, 5ᵉ. arr.

Châtelet (cour du Grand-), div. du Muséun
4ᵃ. arr.

Chauchat (rue), faubourg Montmartre, div. du Mor
Blanc, 2ᵉ. arr.

Chaume (rue du), ou de la Mercy, au Marais, di
de l'Homme-Armé, 7ᶜ. arr.

Chaumière (rue de la), ci-devant Bourbon-Châteaᵤ
div. de l'Unité, 10ᵉ. arr.

Chaussée-d'Antin (rue de la). Voir *Mont-Blanc.*

Chaussée-du-Maine. Voir *Maine.*

Chaussée-des-Minimes. Voir *Minimes.*

Chemin-de-la-Chopinette (rue du), faubourg du Temple, div. de Bondi, 5ᵉ. arr.

Chemin-de-Gentilly (rue du), faubourg St.-Marcel, div. du Finistère, 12ᵉ. arr.

Chemin-de-la-Glacière (rue du), faubourg St.-Jacques, div. de l'Observatoire, 12ᵉ. arr.

Chemin-de-Pantin (rue du), faubourg St.-Martin, div. de Bondi, 5ᵉ. arr.

Chemin-du-Rempart (rue et cul-de-sac du), boulevard de la Madeleine, div. de la Place-Vendôme, 1ᵉʳ. arr.

Chemin-Vert (rue du), boulevard du Pont-aux-Choux, div. de Popincourt, 8ᵉ. arr.

Chemin-de-la-Voirie. Voir *Fossés-St.-Martin.*

Cheminées (carrefour des Quatre-), ou Place-de-la Butte-St.-Roch, div. de la Butte-des-Moulins, 4ᵉ. arr.

Chenet. Voir *Gros-Chenet.*

Cherche-Midi (rue du); en entrant par la Croix-Rouge, à droite, div. de l'Ouest, 10ᵉ. arr.; à gauche, div. du Luxembourg, 11ᵉ. arr.

Cheval-Vert (rue du), Estrapade, div. de l'Observatoire, 12ᵉ. arr.

Chevalier-du-Guet (rue du), St.-Denis; en entrant par la rue des Mauvaises-Paroles, à droite, div. du Muséum, 4ᵉ. arr.; à gauche, div. des Marchés, 4ᵉ. arr.

Chevalier (rue Honoré-). Voir *Honoré-Liberté.*

Chevaux. Voir *Marché-aux-.*

Chevet-St.-Jean-en-Grêve (rue du). Voir *Martroi.*

Chevet-St.-Landry (rue du), div. de la Cité, 9ᵉ. arr.

Chevreuse (rue de), faubourg St.-Germain, div. du Luxembourg, 11ᵉ. arr.

Chiens (rue des), St.-Jacques, div. du Panthéon, 12ᵉ. arr.

Childebert (rue), abbaye St.-Germain, div. de l'Unité, 10ᵉ. arr.

Choiseul (rue de), boulevard Italien, div. Lepelletier, 2ᵉ. arr.

Cholets (rue des), ou St.-Symphorien (cour et passage des), St-Jacques, div. du Panthéon, 12ᵉ. arr.

Chopinette. Voir. *Chemin-de-la-.*

Choux. Voir *Pont-aux-.*

Christine (rue), Thionville, div. du Théâtre-Français, 11ᵉ. arr.

Christophe (rue St.-), division de la Cité, 9ᵉ. arr.

Chulot (ruelle de), à Chaillot, div. des Champs-Elysées, 1ᵉʳ. arr.

Cigne. Voir *Cygne.*

Cignes. Voir *Cygnes.*

Cimetière (rue du), ou Palatine, St.-Sulpice, div. du Luxembourg, 11ᵉ. arr.

Cimetière-St.-André-des-Arts (rue du), div. du Théâtre-Français, 11ᵉ. arr.

Cimetière-St.-Benoît (rue du), St.-Jacques , div. du Panthéon, 12e. arr.

Cimetière-St.-Jacques (rue du), div. de l'Observatoire , 12e. arr.

Cimetière-St.-Nicolas (rue du); en entrant par la rue St.-Martin , à droite, div. de la Réunion , 7e. arr. ; à gauche, div. des Gravilliers , 6e. arr.

Cimetière-Saint-Severin (rue du), div. des Thermes , 11e. arr.

Cinq-Diamans (rue des), div. des Lombards , 6e. arr.

Cisalpine (rue), ci-devant de Valois, à Mousseaux , div. du Roule , 1er. arr.

Ciseaux (rue des), faubourg St.-Germain, div. de l'Unité , 10e. arr.

Cité (rue Neuve, parvis et enclos de la), ci-devant de Notre-Dame, div. de la Cité, 9e. arr.

Citoyennes (rue des), ci-devant Madame , faubourg St.-Germain , div. du Luxembourg , 11e. arr.

Clairvaux (cul-de-sac), rue St.-Martin , div. de la Réunion , 7e. arr.

Claude (cul-de-sac St.-), rue Montmartre, div. du Mail , 3e. arr.

Claude (cul-de-sac St.-), rue de Bercy , div. des Quinze-Vingts , 8e. arr.

Claude (rue et cul-de-sac St.-), boulevard St.-Antoine , div. de l'Indivisibilité, 8e. arr.

Claude (cul-de-sac St.-), ou du Petit-Jésus, ou ruelle du Crucifix, rue des Petits-Carreaux , div. de Bonne-Nouvelle, 5e. arr.

Clef (rue de la), faubourg St.-Marcel ; en entrant par la rue Copeau jusqu'à la rue Française , div. du Jardin-des-Plantes , 12ᶜ. arr. ; de la rue Française à la rue de l'Orangerie , div. du Finistère , 12ᶜ. arr.

Clery (rue de) ; de la rue Montmartre au carrefour Poissonnière , div. de Brutus, 5ᶜ. arr. ; du carrefour Poissonnière au boulevard , div. de Bonne-Nouvelle , 5ᶜ. arr.

Clichy (rue de) ; en montant , à droite , div. du Mont-Blanc , 2ᵉ. arr. ; à gauche , div. du Roule , 1ᵉʳ. arr.

Cloche-Perche (rue), St.-Antoine, div. des Droits-de-l'Homme, 7ᵉ. arr.

Cloche-Pin. Voir *Charbonniers*.

Clopin (rue) ; en entrant par la rue Bordet jusqu'à la rue d'Arras , div. du Panthéon , 12ᶜ. arr. ; de la rue d'Arras à la rue des Fossés-St.-Victor , div. du Jardin-des-Plantes , 12ᶜ. arr.

Clos-Georgeot (rue), butte St.-Roch, div. de la Butte-des-Moulins , 2ᵉ. arr.

Clos-Payen (rue et), faubourg St.-Marcel, div. du Finistère , 12ᶜ. arr.

Cluni (rue de), place Sorbonne, div. des Thermes , 11ᵉ. arr.

Cocatrix (rue), div. de la Cité , 9ᵉ. arr.

Coches (cour et passages des), rues de Surenne et du Faubourg-St.-Honoré , div. du Roule , 1ᵉʳ. arr.

Cœur-Volant (rue du), à Chaillot, div. des Champs-Elysées , 1ᵉʳ. arr.

Cœur-Volant (rue du), faubourg St.-Germain , div. du Luxembourg , 11ᵉ. arr.

Colbert. Voir *Arcade-Colbert.*

Colisée (rue du, et rue Neuve-du-), div. des Champs-Elysées, 1er. arr.

Colombe (rue de la), div. de la Cité, 9e. arr.

Colombier (rue du), faubourg St.-Germain, div. de l'Unité, 10e. arr.

Colombier (rue du Vieux-), St.-Sulpice, div. du Luxembourg, 11e. arr.

Colombier (rue Neuve-du-), St.-Antoine, div. de l'Indivisibilité, 8e. arr.

Colonnes (rue des), Feydeau, div. Lepelletier, 2e. arr.

Comète (rue de la), au Gros-Caillou, div. des Invalides, 10e. arr.

Commerce (cour et passage du), rue St.-André-des-Arts, div. du Théâtre-Français, 11e. arr.

Commissaires (cour des), rue Montmartre, div. de Brutus, 3e. arr.

Concorde (rue de la), ci-devant de la Révolution et Royale; en entrant par la porte St.-Honoré, à droite, div. des Champs-Elysées, 1er. arr.; à gauche, div. des Tuileries, 1er. arr.

Condé (rue de). Voir *Egalité.*

Comtesse-d'Artois. Voir *Montorgueil.*

Conti (cul-de-sac). Voir *Monnoie.*

Contrat-Social (rue du), ci-devant Lafayette et Calonne, à la Halle, div. du Contrat-Social, 3e. arr.

Contrescarpe (rue), St.-André-des-Arts, div. du Théâtre-Français, 11e. arr.

Contrescarpe (rue), Estrapade; de la rue des Fossés-St.-Victor à celle Mouffetard, des deux côtés, div. du Jardin-des-Plantes, 12e. arr.; de la rue Mouffetard à celle de la Vieille-Estrapade, à droite, div. du Panthéon, 12e. arr.; à gauche, div. de l'Observatoire, 12e. arr.

Contrescarpe (rue de la), div. de Popincourt, 8e. arr.

Contrescarpes (rue des), ou des Fossés-St.-Antoine. Voir *Antoine*.

Convention (rue de la), St.-Honoré, ci-devant du Dauphin, div. des Tuileries, 1er. arr.

Copeau (rue), ou Coupeau, St.-Victor, div. du Jardin-des-Plantes, 12e. arr.

Coq (rue du), St.-Honoré, ci-devant cul-de-sac, div. des Gardes-Françaises, 4e. arr.

Coq (rue du), ou André-Mallet; en entrant par la rue de la Tixeranderie, à droite, div. des Droits-de-l'Homme, 7e. arr.; à gauche, div. des Arcis, 7e. arr.

Coqhéron (rue); en entrant par la rue Coquillère, à droite, div. du Contrat-Social, 3e. arr.; à gauche, div. du Mail, 3e. arr.

Coquenard (rue), ou Notre-Dame-de-Lorette, div. du Faubourg-Montmartre, 2e. arr.

Coquerel (cour), rue Charretière, div. du Panthéon, 12e. arr.

Coquerelle (cul-de-sac), rue des Juifs, div. des Droits-de-l'Homme, 7e. arr.

Coquilles (rue des), St.-Jean, div. des Arcis, 7ᵉ. arr.

Coquillère (rue); à gauche, de la rue du Jour à celle Croix-des-Petits-Champs, div. de la Halle-au-Blé, 4ᵉ. arr.; à droite, de la rue du Jour à celle Coqhéron, div. du Contrat-Social, 3ᵉ. arr.; et de la rue Coqhéron à celle Croix-des-Petits-Champs, div. du Mail, 5ᵉ. arr.

Cordeliers (rue des). Voir *Ecole-de-Médecine.*

Corderie (rue de la); en entrant par la rue du Temple, à droite, div. de l'Homme-Armé, 7ᵉ. arr.; à gauche, div. du Temple, 6ᵉ. arr.

Corderie (rue de la). Voir *Thévenot.*

Corderie (cul-de-sac et passage de la), ou Péronelle, rue de la Sourdière, div. de la Butte-des-Moulins, 2ᵉ. arr.

Corderie (cul-de-sac de la), ou Thévenot, ou de l'Etoile, rue Thévenot, div. de Bonne-Nouvelle, 5ᵉ. arr.

Corderie (cour de la), enclos du Temple, div. du Temple, 6ᵉ. arr.

Cordiers (rue des), St.-Jacques, div. des Thermes, 11ᵉ. arr.

Cordonnerie (rue de la), à la Halle, div. des Marchés, 4ᵉ. arr.

Corneille (rue de), place de l'Odéon, div. du Théâtre-Français, 11ᵉ. arr.

Corroierie (rue et cul-de-sac de la), St.-Martin, div. de la Réunion, 7ᵉ. arr.

Cossonerie (rue de la), St.-Denis, div. des Marchés, 4ᵉ. arr.

Côte (rue de la), ou Cotte-Trouvée, faubourg St.-Antoine, div. des Quinze-Vingts, 8e. arr.

Coupe-Gorge (rue), ou de la Poterie, faubourg St.-Jacques, div. de l'Observatoire, 12e. arr.

Cour-du-Maur (passage de la). Voir *Vivans.*

Courcelles (rue de), ou de Villiers, faubourg du Roule, div. du Roule, 1er. arr.

Couronnes (rue des Trois-), barrière de ce nom, div. du Temple, 6e. arr.

Couronnes (rue des Trois-), faubourg St.-Marcel, div. du Finistère, 12e. arr.

Courtalon (rue), Apport-Paris, div. des Marchés, 4e. arr.

Court-Bâton (rue du), ou cul-de-sac Sourdis, rue des Fossés-St.-Germain-l'Auxerrois, div. du Muséum, 4e. arr.

Courti (rue de), faubourg St.-Germain, div. de la Fontaine-de-Grenelle, 10e. arr.

Courtille (rue de la Basse-). Voir *Basse - Courtille.*

Coutellerie (rue de la), div. des Arcis, 7e. arr.

Couture (cul-de-sac St.-Louis-de-la-), rue St.-Paul, div. de l'Arsenal, 9e. arr.

Crébillon (rue de), place de l'Odéon, div. du Théâtre-Français, 11e. arr.

Creuse. Voir *Voye-Creuse.*

Croissant (rue du), Montmartre, div. de Brutus, 5e. arr.

Croix (rue Neuve-Ste.-), chaussée d'Antin, div. de la Place-Vendôme, 1er. arr.

Croix (rue Ste.-), div. de la Cité, 9ᵉ. arr.

Croix (rue de la), St.-Martin, div. des Gravilliers, 6ᵉ. arr.

Croix (rue Neuve-), faubourg du Roule, div. du Roule, 1ᵉʳ. arr.

Croix (cul-de-sac Ste.-), ou des Billettes, div. des Droits–de-l'Homme, 7ᵉ. arr.

Croix-Blanche (rue de la), faubourg du Temple, div. du Temple, 6ᵉ. arr.

Croix-Blanche (rue de la), au Marais, div. des Droits-de-l'Homme, 7ᵉ. arr.

Croix-de-la-Bretonnerie (rue Ste.-); en entrant par la Vieille-rue-du-Temple, à droite, div. de l'Homme-Armé, 7ᵉ. arr. ; à gauche, div. des Droits-de-l'Homme, 7ᵉ. arr.

Croix-de-Clamart (rue et carrefour de la), faubourg St.-Marcel, div. du Finistère, 12ᵉ. arr.

Croix-de-Lorraine. Voir *Ancre-National.*

Croix-des-Petits-Champs. Voir *Champs.*

Croix-Faubin (cul-de-sac de la), rue Charonne, div. de Popincourt, 8ᵉ. arr.

Croix-Rouge (carrefour de la); en entrant par la rue du Four, à droite, div. de l'Unité, 10ᵉ. arr. ; à gauche, div. du Luxembourg, 11ᵉ. arr.

Croix-du-Trahoir, au coin des rues St.-Honoré et de l'Arbre-Sec, div. des Gardes - Françaises, 4ᵉ. arr.

Croulebarbe (rue et passage du Moulin-), faubourg St.-Marcel, div. du Finistère, 12ᵉ. arr.

Crucifix (rue du Petit-) , div. des Lombards ,
6ᵉ. arr.

Crucifix, (ruelle du). Voir *Claude.*

Crussol (rue de), enclos du Temple , div. du
Temple , 6ᵉ. arr.

Culture Ste.-Catherine. Voir *Catherine.*

Culture St.-Gervais. Voir *Gervais.*

Cygne (rue du), div. de Bon-Conseil , 5ᵉ. arr.

Cygnes (rue des), ou St.-Jean , au Gros-Caillou ,
div. des Invalides , 10ᵉ. arr.

Cygnes (île des), et tout ce qui en dépend, div. des
Invalides , 10ᵉ. arr.

D

Dames. Voir *Tour-des-.*

Dames (cul-de-sac du Fort-aux-), rue de la Heaumerie , Apport-Paris , div. des Lombards ,
6ᵉ. arr.

Darnetat. Voir *Grenétat.*

Dauphin. Voir *Convention.*

Dauphine. Voir *Thionville.*

D'Aval. Voir *Aval.*

Déchargeurs (rue des); en entrant par la rue St.-
Honoré , à gauche , jusqu'à la rue des Foureurs ,
div. des Marchés, 4ᵉ. arr. ; de la rue des Foureurs
à la rue des Mauvaises-Paroles , et à droite, de la
rue St.-Honoré à celle des Mauvaises-Paroles , div.
des Gardes-Françaises, 4ᵉ. arr.

Degrés (rue des grands, des petits, et abreuvoir de
grands), div. du Panthéon , 12ᵉ. arr.

Delaunay (cul-de-sac), rue de Charonne , div. de Popincourt , 8ᵉ. arr.

Demi-Saint (rue), cloître St.-Germain-l'Auxerrois , div. du Muséum , 4ᵉ. arr.

Denis (rue St.-); en entrant par la porte St.-Denis , à droite , jusqu'à la rue Thévenot , div. de Bonne-Nouvelle , 5ᵉ. arr. ; de la rue Thévenot à la rue de la Chanverrerie , div. de Bon-Conseil , 5ᵉ. arr.; de la rue de la Chanverrerie à celle Perrin-Gasse-lin , div. des Marchés , 4ᵉ. arr. ; de la rue Perrin-Gasselin à celle Saint - Germain - l'Auxerrois , division du Muséum , 4ᵉ. arr. ; à gauche , de la porte St.-Denis à la rue aux Ours , div. des Amis-de-la-Patrie , 6ᵉ. arr. ; de la rue aux Ours à celle St.-Jacques-de-la-Boucherie , div. des Lombards , 6ᵉ. arr.

Denis (rue du Faubourg-St.-) , ou Franciade , ou St.-Lazare ; en montant , à droite , div. du Nord , 5ᵉ. arr. ; à gauche , div. Poissonnière , 3ᵉ. arr.

Denis (rue St.-), ci-devant du Trône , faubourg St.-Antoine , div. de Montreuil , 8ᵉ. arr.

Denis (rue Basse-Porte-St.-). Voir *Basse.*

Denis (rue Jean-St.-). Voir *Jean.*

Denis (rue Neuve-St.-) , div. des Amis-de-la-Patrie , 6ᵉ. arr.

Denis-de-la-Chartre (enclos et cul-de-sac St.-), div. de la Cité , 9ᵉ. arr.

Desir (passage du) , faubourgs St.-Denis et St.-Martin , div. du Nord , 5ᵉ. arr.

Deux-Anges. Voir *Anges.*

Deux-Boules. Voir *Boules.*

Deux-Boules. Voir *Fossés-St.-Marcel.*

Deux-Ecus (rue des); en entrant par la rue des Prouvaires jusqu'à la rue du Four , div. du Contrat-Social , 3ᵉ. arr. ; de la rue du Four à la rue Grenelle , div. de la Halle-au-Blé , 4ᵉ. arr.

Deux-Hermites (rue des) , div. de la Cité , 9ᵉ. arr.

Deux-Maillets (rue des) , faubourg St.-Jacques , div. de l'Observatoire , 12ᵉ. arr.

Deux-Moulins (rue des), faubourg St.-Martin, div. de Bondi, 5ᵉ. arr.

Deux-Ponts (rue des), div. de la Fraternité , 9ᵉ. arr.

Deux-Portes (rue des), Thévenot , div. de Bon-Conseil , 5ᵉ. arr.

Deux-Portes (rue des) , au Marais , div. des Droits-de-l'Homme , 7ᵉ. arr.

Deux-Portes (rue des) , Hautefeuille , div. du Théâ-tre-Français , 11ᵉ. arr.

Deux-Portes (rue des) , St.-Denis , div. des Amis-de-la-Patrie , 6ᵉ. arr.

Diamans. Voir *Cinq-Diamans.*

Doctrine-Chrétienne (rue des Pères-de-la-) , con-fondue dans celle des Fossés-St.-Victor. Voir *Fos-sés-St.-Victor.*

D'Olivet. Voir *Olivet.*

Dominicains (passage des). Voir *Jacobins.*

Dominique (rue St.-); de la rue des SS.-Pères celle de Bourgogne , div. de la Fontaine-de-Gre-nelle , 10ᵉ. arr. ; de la rue de Bourgogne au Champ-de-Mars , div. des Invalides , 10ᵉ. arr.

Dominique (rue St.-), d'Enfer ; en entrant par la rue d'Enfer, à droite, div. de l'Observatoire, 12e. arr. ; à gauche, div. des Thermes, 11e. arr.

Dominique (cul-de-sac St.-), ou de la Madeleine, rue St.-Dominique-d'Enfer, div. de l'Observatoire, 12e. arr.

Dorée (rue), ci-devant du roi Doré, ou Française, au Marais, div. de l'Indivisibilité, 8e. arr.

Dorvillé (rue), faubourg St.-Marcel, div. du Finistère, 12e. arr.

Douze-Portes (rue des), ou Nicolas, au Marais, div. de l'Indivisibilité, 8e. arr.

Doyenné (rue et cul-de-sac du), Carrouzel, div. des Tuileries, 1er. arr.

Dragon (cour et passage du), rue du Sépulcre et carrefour St.-Benoît, div. de l'Unité, 10e. arr.

Draperie (rue de la Vieille-), div. de la Cité, 9e. arr.

Droits-de-l'Homme (rue des), ci-devant du roi de Sicile, div. des Droits-de-l'Homme, 7e. arr.

Duras (rue de), faubourg St.-Honoré, div. du Roule, 1er. arr.

E

Écharpe (rue de l'), au Marais, div. de l'Indivisibilité, 8e. arr.

Echaudé (rue de l'), à la Halle, div. des Marchés, 4e. arr.

Echaudé (rue de l'), au Marais, div. de l'Homme-Armé, 7e. arr.

F

Echaudé (rue de l'), faubourg St.-Germain , div. de l'Unité , 10ᵉ. arr.

Echelle (rue de l'), St.-Honoré , div. des Tuileries , 1ᵉʳ. arr.

Echiquier (rue de l'), Poissonnière , div. Poissonnière, 3ᵉ. arr.

Echiquier (cul-de-sal de l'), rue du Temple , div. de l'Homme-Armé-, 7ᵉ. arr.

Ecole-de-Médecine (rue de l'), ci-devant des Cordeliers et des Marseillais , div. du Théâtre-Français, 11ᵉ. arr.

Ecole-Militaire , ou Maison-du-Champs-de-Mars, et ses environs , div. des Invalides , 10ᵉ. arr.

Ecorcherie (rue de l'). Voir *Tannerie*

Ecosse (rue d') , Montagne-Ste.-Geneviève , div. du Panthéon , 12ᵉ. arr.

Ecouffes (rue des) , au Marais , div. des Droits-de-l'Homme , 7ᵉ. arr.

Ecrivains (rue des) , div. des Lombards , 6ᵉ. arr.

Ecuries (rue et cour des Petites-) , faubourg St.-Denis , div. Poissonnière , 3ᵉ. arr.

Ecus (rue des Deux-). Voir *Deux-Ecus*.

Egalité (palais). Voir *Tribunal*.

Egalité (passage), ci-devant de la Reine-d'Hongrie , rues Montmartre et Montorgueil , div. du Contrat-Social, 3ᵉ. arr.

Egalité (rue), enclos St.-Martin , div. des Gravilliers , 6ᵉ. arr.

Egalité (rue de l'), ou Bigot. Voir *Bigot*.

Egalité (rue de l') , ci-devant Condé ; en montant ,

à droite , div. du Luxembourg , 11°. arr. ; à gauche , div. du Théâtre-Français , 11°. arr.

Egalité (rue Neuve-) , ci-devant Bourbon-Villeneuve,
div. de Bonne-Nouvelle , 5°. arr.

Eglise (rue Neuve-de-l') , au Gros-Caillou , div.
des Invalides , 10°. arr.

Egoût (rue de l') , chaussée d'Antin. Voir *Nicolas.*

Egoût (rue de l') , faubourg St.-Antoine , div. des
Quinze-Vingts , 8°. arr.

Egoût (rue de l') St.-Antoine , div. de l'Indivisibilité , 8°. arr.

Egoût (rue de l') , faubourg St.-Germain , div. de
l'Unité , 10°. arr.

Egoût (cul-de-sac de l') , faubourg St.-Martin , div.
de Bondi , 5°. arr.

Egoût (cul-de-sac de l') , petite rue Taranne , div.
de l'Unité , 10°. arr.

Egoûts (rue des) , div. des Amis-de-la-Patrie, 6°. arr.

Eloi (rue St.-) , ou de la Savaterie , div. de la
Cité , 9°. arr.

Eloi (cul-de-sac St.-) , rue St.-Paul , div. de l'Arsenal , 9°. arr.

Empereur (cul-de-sac de l') , rue St.-Denis , div.
de Bon-Conseil , 5°. arr.

Enfans-Rouges (rue des) , au Marais , div. de
l'Homme-Armé , 7°. arr.

Enfer (rue d') , en la Cité , div. de la Cité , 9°. arr.

Enfer (rue d') , Poissonnière , div. du Faubourg-
Montmartre , 2°. arr.

Enfer (rue d') , St.-Michel , ou de Marengo ; de la

place St.-Michel à la rue St.-Dominique, div. des Thermes, 11e. arr.; de la rue St.-Dominique à la barrière, div. de l'Observatoire, 12e. arr.

Enghien (rue d'), faubourg Poissonnière, div. Poissonnière, 3e. arr.

Epée-de-Bois (rue de l'), faubourg St.-Marcel; en entrant par la rue Mouffetard, à droite, div. du Finistère, 12e. arr.; à gauche, div. du Jardin-des-Plantes, 12e. arr.

Eperon (rue de l'), St.-André-des-Arts, div. du Théâtre-Français, 11e. arr.

Epine (rue St.-Jean-de-l'). Voir *Jean.*

Errancis (rue d') à la Pologne, div. du Roule, 1er. arr.

Esprit (enclos et passage du St.-), à la Grève, div. de la Fidélité, 9e. arr.

Essai (rue de l'), Marché-aux-Chevaux, div. du Finistère, 12e. arr.

Estrapade (rue de l'). Voir *Fossés-St.-Jacques.*

Estrapade (rue de la Vieille-); en entrant par la rue de Fourcy, à droite, div. du Panthéon, 12e. arr.; à gauche, div. de l'Observatoire, 12°. arr.

Etienne (rue), div. du Muséum, 4e. arr.

Etienne (rue Neuve-St.-), boulevard, div. de Bonne-Nouvelle, 5e. arr.

Etienne (rue Neuve-St.-), faubourg St.-Marcel, div. du Jardin-des-Plantes, 12e. arr.

Etienne-des-Grès (rue St.-), div. du Panthéon, 12e. arr.

Etoile (cul-de-sac de l'). Voir *Corderie.*

Etoile (rue de l'), St.-Paul, div. de l'Arsenal, 9°. arr.

Etoile (cul-de-sac de l'), au Gros-Caillou, div. des Invalides, 10ᵉ. arr.

Etuves (cul-de-sac des), ou de Marivaux, rue de Marivaux, div. des Lombards, 6ᵉ. arr.

Etuves (rue des Vieilles-), St.-Honoré, div. de la Halle-au-Blé, 4ᵉ. arr.

Etuves (rue des Vieilles-), St.-Martin, div. de la Réunion, 7ᵉ. arr.

Eustache (rue Neuve - St. -), div. de Brutus, 3ᵉ. arr.

Eustache (passage St.-), rue Montmartre, div. du Contrat-Social, 3ᵉ. arr.

Eustache (Pointe-St.-); à droite, depuis la rue de la Tonnellerie jusqu'à la rue Montorgueil, div. de Bon-Conseil, 5ᵉ. arr. ; à gauche, de la rue de la Tonnellerie à la rue Traînée, div. du Contrat-Social, 5ᵉ. arr.

Evêque (rue de l'), Butte-St.-Roch, div. de la Butte-des-Moulins, 2ᵉ. arr.

Evêque (rue de l'), ou de l'Evêché ; parvis de la Cité, div. de la Cité, 9ᵉ. arr.

Evêque (rue de la Ville-l'). Voir *Ville-l'Evêque.*

F

Faisans (rue des), à Chaillot, div. des Champs-Elysées, 1ᵉʳ. arr.

Faron (cul-de-sac St.-), rue de la Tixeranderie, div. des Droits-de-l'Homme, 7ᵉ. arr.

Faubin. Voir *Croix-Faubin.*

Faucounier (rue du), div. de l'Arsenal , 9ᵉ. arr.

Fausse-Poterne. Voir *Beaubourg*.

Favart (rue), boulevard Italien , div. Lepelletier, 2ᵉ. arr.

Fécamp. Voir *Vallée-de-*.

Femme-sans-Tête (rue de la) , div. de la Fraternité , 9ᵉ. arr.

Fer (rue du). Voir *Fossés-St.-Marcel*.

Fer-à-Moulin (rue du), faubourg St.-Marcel, div. du Finistère , 12ᵉ. arr.

Ferme-des-Mathurins (rue de la), chaussée d'Antin, div. de la Place-Vendôme , 1ᵉʳ. arr.

Ferme-des-Mathurins (cul-de-sac de la), rue Neuve-des-Mathurins, div. de la Place-Vendôme, 1ᵉʳ. arr.

Féronnerie (rue de la), div. des Marchés , 4ᵉ. arr.

Férou (rue et cul-de-sac), St.-Sulpice, div. du Luxembourg , 11ᵉ. arr.

Feuillade (rue de la); en entrant par la place des Victoires , à droite , div. du Mail, 3ᵉ. arr. ; à gauche , div. de la Halle-au-Blé , 4ᵉ. arr.

Feuillans (ruelle et passage des), ou des Capucins, div. des Tuileries , 1ᵉʳ. arr.

Feuillantines (cul-de-sac des), rue du Faubourg-St.-Jacques, div. de l'Observatoire , 12ᵉ. arr.

Fèves. Voir *Aux-Fèves*.

Feydeau (rue et passage), ou Neuve-des-Fossés-Montmartre, div. Lepelletier, 2ᵉ. arr.

Fiacre (rue St.-), boulevard , div. Brutus, 3ᵉ. arr.

Fiacre (cul-de-sac St.-), rue St.-Martin , div. des Lombards , 6ᵉ. arr.

Fidélité (rue de la), faubourg St.-Denis , div. du Nord , 5ᵉ. arr.

Figuier (rue du), St.-Paul , div. de l'Arsenal , 9ᵉ. arr.

Filles-Anglaises (rue des), faubourg St.-Marcel , div. du Finistère , 12ᵉ. arr.

Filles-Anglaises (ruelle des), ou rue Moreau , faubourg St.-Antoine ,div. des Quinze-Vingts ,8ᵉ. arr.

Filles-Bleues. Voir *Catherine.*

Filles-du-Calvaire (rue des); en entrant par la rue St.-Louis, à droite, div. de l'Indivisibilité, 8ᵉ. arr.; à gauche , div. du Temple , 6ᵉ. arr.

Filles-de-la-Croix (cul-de-sac des). Voir *Guémenée.*

Filles-Dieu (rue des), St.-Denis , div. de Bonne-Nouvelle , 5ᵉ. arr.

Filles-Dieu (cul-de-sac des), rue Basse-St.-Denis , div. Poissonnière , 3ᵉ. arr.

Filles-St.-Thomas (rue des); en entrant par la rue de la Loi, à gauche , jusqu'à la rue des Victoires-Nationales , et à droite , jusqu'à la rue Vivienne , div. Lepelletier , 2ᵉ. arr. ; et à droite , de la rue Vivienne à la rue des Victoires-Nationales , div. du Mail , 3ᵉ. arr.

Fils (rue des Quatre-). Voir *Quatre-Fils.*

Fionois (rue), faubourg Charenton, div. des Quinze-Vingts , 8ᵉ. arr.

Fleurus (rue de), ci-devant cul-de-sac Notre-Dame-des-Champs , div. du Luxembourg , 11ᵉ. arr.

Florentin (rue St.-), ou de l'Orangerie, div. des Tuileries, 1er. arr.

Foi (rue Ste.-), porte St.-Denis, div. de Bonne-Nouvelle, 5e. arr.

Foin (rue du), au Marais , div. de l'Indivisibilité, 8e. arr.

Foin (rue du), St.-Jacques, div. des Thermes, 11e. arr.

Foire (rue de la), enclos de la Foire-St.-Germain, div. du Luxembourg , 11e. arr.

Folie-Moricourt (rue de la), faubourg du Temple, div. du Temple , 6e. arr.

Folie-Renaut (rue de la) , div. de Popincourt , 8e. arr.

Fontaine-au-Roi. Voir *Fontaine-Nationale.*

Fontaine (rue de la), ou Jean-Molé , faubourg St.-Marcel, div. du Finistère , 12e. arr.

Fontaine (rue Neuve-de-la-)`, div. Lepelletier, 2e. arr.

Fontaine (cour de la). Voir *Chapelle.*

Fontaine-Nationale (rue de la), ci-devant Fontaine-au-Roi, faubourg du Temple, div. du Temple , 6e. arr.

Fontaines (rue des), ou des Madelonettes, div. des Gravilliers, 6e. arr.

Fontaines (cour des), Palais-Egalité, div. de la Butte-des-Moulins , 2e. arr.

Forez (rue , près du Temple, div. du Temple, 6e. arr.

Forge-Nationale (cul-de sac de la), ci-devant de la
                                             Forge-Royale,

Forge-Royale, rue du faubourg St.-Antoine, div. de Montreuil, 8e. arr.

[Fort-aux-Dames (cul-de-sac). Voir *Dames.*

[Fosse-aux-Chiens (cul-de-sac de la), rue des Bourdonnais, div. des Gardes-Françaises, 4e. arr.

[Fossés-St.-Antoine (rue des). Voir *Antoine.*

[Fossés-St.-Bernard (rue des), div. du Jardin-des-Plantes, 12e. arr.

[Fossés-St.Germain-l'Auxerrois (rue des); en entrant par la rue de la Monnaie, à droite, div. des Gardes-Françaises, 4e. arr. ; à gauche, div. du Muséum, 4e. arr.

[Fossés-St.-Germain-des-Prés (rue des); en entrant par le carrefour Bussy, à droite, div. de l'Unité, 10e. arr. ; à gauche, div. du Théâtre-Français, 11e. arr.

I Fossés-St.-Jacques (rue des), ou de l'Estrapade ; en entrant par la rue St.-Jacques, à droite, div. de l'Observatoire, 12e. arr. ; à gauche, div. du Panthéon, 12e. arr.

I Fossés-Monsieur-le-Prince (rue des). Voir *Liberté.*

I Fossés-St.-Marcel (rue des), ou du Fer, ou des Deux-Boules, ou de la Cendre, div. du Finistère, 12e. arr.

I Fossés-St.-Martin (rue des), ou du Chemin-de-la-Voierie, faubourg St.-Martin, div. du Nord, 5e. arr.

I Fossés-Montmartre (rue des), div. du Mail, 3e. arr.

I Fossés-Montmartre (rue Neuve-des-). Voir *Feydeau.*

I Fossés-du-Temple (rue des), boulevard, div. du Temple, 6e. arr.

G

Fossés-St.-Victor (rue des) , ou Loustalot , dans la-quelle est confondue la rue des PP. de la Doctrine chrétienne, div. du Jardin-des-Plantes , 12ᵉ. arr.

Fossoyeurs (rue des) , St.-Sulpice , div. du Luxem-bourg , 11ᵉ. arr.

Fouare (rue du) , St.-Jacques , div. du Panthéon , 12ᵉ. arr.

Four–Basset (rue du) , div. de la Cité , 9ᵉ. arr.

Four (rue du) , St.-Honoré ; en entrant par la rue St.-Honoré , à droite , div. du Contrat - Social , 3ᵉ. arr. ; à gauche , div. de la Halle-au-Blé , 4ᵉ. arr.

Four (rue du) , St.-Germain ; en entrant par le carrefour de l'Abbaye , à droite , div. de l'Unité , 10ᵉ. arr. ; à gauche , div. du Luxembourg , 11ᵉ. arr.

Four (rue du) , St.-Jacques , div. du Panthéon , 12ᵉ. arr.

Fourcy (rue de) ; en entrant par la rue St.-Antoine, à droite , div. de la Fidélité , 9ᵉ. arr. ; à gauche, div. de l'Arsenal , 9ᵉ. arr.

Fourcy (rue de) , St.-Jacques , div. du Panthéon , 12ᵉ. arr.

Fourcy (cul-de-sac) , ou de l'Aviron , rue de Jouy , div. de la Fidélité , 9ᵉ. arr.

Foureurs (rue des) ; en entrant par la rue des Dé-chargeurs , à droite , jusqu'à la rue des Lavan-dières , div. des Gardes-Françaises , 4ᵉ. arr. ; le surplus du même côté , et tout l'autre côté , div. des Marchés , 4ᵉ. arr.

Fourneaux (rue des) , faubourg St.-Germain , div. du Luxembourg , 11ᵉ. arr.

Française (rue), ou Dorée. Voir *Dorée*.

Française (rue), div. de Bon-Conseil, 5°. arr.

Française (rue), faubourg St.-Marcel ; en entrant par la rue du Noir, à droite, div. du Finistère, 12°. arr. ; à gauche, div. du Jardin-des-Plantes, 12°. arr.

France (la Nouvelle-). Voir *Ste.-Anne*.

Franciade (rue du Faubourg-). Voir *Denis*.

François (rue Neuve-St.-), au Marais, div. de l'Indivisibilité, 8°. arr.

Francs-Bourgeois (rue des), au Marais ; en entrant par la Vieille-rue-du-Temple, à droite, div. des Droits-de-l'Homme, 7°. arr. ; à gauche, div. de l'Indivisibilité, 8°. arr.

Francs-Bourgeois (rue des), St.-Michel ; en entrant par la place St.-Michel, à droite, div. du Théâtre-Français, 11°. arr. ; à gauche, div. des Thermes, 11°. arr.

Francs-Bourgeois (rue des), faubourg St.-Marcel, div. du Finistère, 12°. arr.

Fraternité (île et rue de la), ci-devant St.-Louis, div. de la Fraternité, 9°. arr.

Frépillon (rue), St.-Martin, div. des Gravilliers, 6°. arr.

Frères (rue des Trois-), St.-Lazare, div. du Mont-Blanc, 2°. arr.

Frileu (rue), ou de la Pétaudière, div. de la Fidélité, 9°. arr.

Friperie (rues de la grande et de la petite), à la Halle, div. des Marchés, 4°. arr.

Froimanteau (rue); à droite, du guichet du port
St.-Nicolas à la rue de Beauvais, div. du Muséum,
4e. arr., et de la rue de Beauvais à la rue St.-
Honoré, div. des Gardes-Françaises, 4e. arr.;
à gauche, du même guichet à la place du Tribunat, div. des Tuileries, 1er. arr.

Fromagerie (rue de la), à la Halle, div. des Marchés, 4e. arr.; excepté à droite, depuis la rue
Traînée jusqu'à la rue des Grands-Piliers, div.
du Contrat-Social, 3e. arr.

Fromentel (rue), div. du Panthéon, 12e. arr.

Frondeurs (rue des), St.-Honoré, div. de la Butte-
des-Moulins, 2e. arr.

Fumier (rue du), ou des Terres-Fortes, ou des
Marais, faubourg Charenton, div. des Quinze-
Vingts, 8e. arr.

Furstemberg (rue), enclos de l'Abbaye-St.-Ger-
main, div. de l'Unité, 10e. arr.

Fuseaux (rue des), St.-Germain-l'Auxerrois, div.
du Muséum, 4e. arr.

G

Gaillon (rue), St.-Augustin, div. Lepelletier,
2e. arr.

Galande (rue), St.-Jacques, div. du Panthéon,
12e. arr.

Gancourt (rue), faubourg du Temple, div. de
Bondi, 5e. arr.

Garancière (rue), Vaugirard, div. du Luxembourg, 11e. arr.

Garçons. Voir *Mauvais-Garçons.*

Garnisons (rue des Vieilles-), div. de la Fidélité, 9e. arr.

Garre (terrein de la), port de l'Hôpital, div. du Finistère, 12e. arr.

Gasselin. Voir *Perrin-Gasselin.*

Gastel (ruelle)., à Chaillot, div. des Champs-Elysées, 1er. arr.

Gautier-Renaud (rue), faubourg St.-Marcel, div. du Finistère, 12e. arr.

Geneviève (rue de la Montagne-Ste.-), div. du Panthéon, 12e. arr.

Geneviève (rue Neuve-Ste.-), faubourg St.-Jacques, div. de l'Observatoire, 12e. arr.

Gentien (cour et passage), rue de la Mortellerie et quai des Ormes, div. de l'Arsenal, 9e arr.

Gentilly. Voir *Chemin de.*

Geoffroy-Langevin (rue), St.-Martin, div. de la Réunion, 7e. arr.

Geoffroy-Lasnier (rue), St.-Antoine, div. de la Fidélité, 9e. arr.

Georgeot. Voir *Clos-Georgeot.*

Georges (rue St.-), St.-Lazare, div. du Mont-Blanc, 2e. arr.

Gérard. Voir *Girard-Boquet.*

Germain-l'Auxerrois (enclos et passage St.-), div. du Muséum, 4e. arr.

Germain-l'Auxerrois (rue des Fossés-). Voir *Fossés*.

Germain-l'Auxerrois (rue St.-), div. du Muséum, 4e. arr.

Germain-des-Prés (rue des Fossés). Voir *Fossés*.

Germain-des-Prés (enclos et passage de la Foire-St.), div. du Luxembourg, 11e. arr.

Gervais (rue St.- et rue Culture-St.-), au Marais, div. de l'Indivisibilité, 8e. arr.

Gervais (rue du Monceau-St.-). Voir *Monceau*.

Gervais (rue du Pourtour-St.-). Voir *Pourtour*.

Gervais-Laurent (rue), div. de la Cité, 9e. arr.

Gervais (ruelle du Petit-Port-St.-). Voir *Port-St.-*

Gilbert (rue), faubourg du Temple, div. de Bondi, 5e. arr.

Gille (ruelle Jean-). Voir *Jean*.

Gilles (rue St.-, rue Neuve-St.-, et Petite-rue-St.-), au Marais, div. de l'Indivisibilité, 8e. arr.

Gilles-Cœur. Voir *Gît-le-Cœur*.

Gindre (rue du), faubourg St.-Germain, div. du Luxembourg, 11e. arr.

Girard-Boquet (rue), ou Gérard, St.-Antoine, div. de l'Arsenal, 9e. arr.

Gît-le-Cœur (rue), St.-André-des-Arts, div. du Théâtre-Français, 11e. arr.

Glacière. Voir *Chemin-de-la-*.

Glatigny (rue), div. de la Cité, 9e. arr.

Gloriette (rue), faubourg St.-Martin, div. de Bondi, 5e. arr.

Gobelins (rue des). Voir *Bièvre*.

Gonesse (rue de), enclos de la foire St.-Germain , div. du Luxembourg , 11ᵉ. arr.

Gourdes (rue et cul-de-sac des), à Chaillot , div. des Champs-Elysées , 1ᵉʳ. arr.

Gourtin. Voir *Pierre-Gourtin.*

Gracieuse (rue), faubourg St.-Marcel , div. du Jardin-des-Plantes , 12ᵉ. arr.

Grammont (rue de), boulevard Italien , div. Lepelletier , 2ᵉ. arr.

Grand-Cerf. Voir *Cerf.*

Grand-Châtelet. Voir *Châtelet.*

Grand-Hurleur. Voir *Hurleur.*

Grand-Michel. Voir *Michel.*

Grande-Friperie. Voir *Friperie.*

Grande-Truanderie. Voir *Truanderie.*

Grands-Augustins. Voir *Augustins.*

Grands-Degrés. Voir *Degrés.*

Grands-Piliers (rue des), ou de la Tonnellerie ; en entrant par la rue St.-Honoré , à droite , div. des Marchés , 4ᵉ. arr. ; à gauche , div. du Contrat-Social , 5ᵉ. arr.

Grange-Batelière (rue , petite rue , et rue Neuve-), boulevard, div. du Mont-Blanc , 2ᵉ. arr.

Grange-aux-Belles (rue) , boulevard St.-Martin , div. de Bondi , 5ᵉ. arr.

Grange-aux-Merciers (rue), faubourg Charenton , div. des Quinze-Vingts , 8ᵉ. arr.

Gravilliers (rue des) , St.-Martin , div. des Gravilliers , 6ᵉ. arr.

Grenelle (rue), St.-Honoré, div. de la Halle-au-Blé , 4ᵉ. arr.

Grenelle (rue), faubourg St.-Germain ; à droite , de la rue du Four à celle des SS. - Pères , div. de l'Unité , 10ᵉ. arr. , et de la rue des SS.-Pères à la rue de Bourgogne , div. de la Fontaine-de-Grenelle , 10ᵉ. arr. ; à gauche , de la Croix-Rouge à la rue de Bourgogne , div. de l'Ouest , 10ᵉ. arr. ; de la rue de Bourgogne au Champ-de-Mars , des deux côtés , div. des Invalides , 10ᵉ. arr.

Grenelle (cul-de-sac de), au Gros-Caillou , div. des Invalides , 10ᵉ. arr.

Grenelle (place de), et deux rues sans nom , div. des Invalides , 10ᵉ. arr.

Grenetat (rue), ou Darnetat , St.-Martin , div. des Amis-de-la-Patrie , 6ᵉ. arr.

Grenier-St.-Lazare (rue), St.-Martin , div. de la Réunion , 7ᵉ. arr.

Grenier-sur-l'Eau (rue), St.-Antoine , div. de la Fidélité , 9ᵉ. arr.

Gresillons (rue des), à la Pologne , div. du Roule , 1ᵉʳ. arr.

Gresillons (passage des), ou du Soleil-d'Or , à la Pologne , div. du Roule , 1ᵉʳ. arr.

Grétry (rue de), Italiens , div. Lepelletier , 2ᵉ. arr.

Gril (rue du), faubourg St.-Marcel , div. du Finistère ; 12ᵉ. arr.

Gros-Chenet (rue du), Cléry, div. de Brutus , 3ᵉ. arr.

Grosnière (rue, passage ou cour Langronerie , ou Petite rue-St.-Martin) , à la Halle , div. des Marchés , 4ᵉ. arr.

Grosse-Tête (cul-de-sac de la), rue Spire, div. de Bonne-Nouvelle, 5ᵉ. arr.

Grue (rue de la), div. de Bondi, 5ᵉ. arr.

Guemenée (cul-de-sac), ou des Filles-de-la-Croix, rue St.-Antoine, div. de l'Indivisibilité, 8ᵉ. arr.

Guénégaud (rue), Mazarine, div. de l'Unité, 10ᵉ. arr.

Guepin (cul-de-sac), rue de Jouy, div. de la Fidélité, 9ᵉ. arr.

Guérin-Boisseau (rue), St.-Denis, div. des Amis-de-la-Patrie, 6ᵉ. arr.

Guichet (cul-de-sac du), rue de la Chaumière, div. de l'Unité, 10ᵉ. arr.

Guichets du Louvre ; celui du port St.-Nicolas, div. du Muséum, 4ᵉ. arr., et des Tuileries, 1ᵉʳ. arr. ; les trois autres, div. des Tuileries, 1ᵉʳ. arr.

Guillaume (cour St.-), rue de la Loi, div. de la Butte-des-Moulins, 2ᵉ. arr.

Guillaume (rue St.-), en l'île, div. de la Fraternité, 9ᵉ. arr.

Guillaume (rue St.-), faubourg St.-Germain, div. de la Fontaine-de-Grenelle, 10ᵉ. arr.

Guillemin (rue Neuve-), faubourg St.-Germain, div. du Luxembourg, 11ᵉ. arr.

Guiot (rue), à la Pologne, div. du Roule, 1ᵉʳ. arr.

Guisarde (rue), faubourg St.-Germain, div. du Luxembourg, 11ᵉ. arr.

H

Halles (passage des), div. des Marchés, 4ᵉ. arr.

Halles-et-Marchés. *Voir* l'état particulier et alphabétique des Halles et Marchés.

Harangerie (rue de la Vieille-) , à la Halle , div. des Marchés , 4e. arr.

Harlai (rue du), boulevard St.-Antoine, div. de l'Indivisibilité , 8e. arr.

Harlai (rue du) , Palais de justice , div. du Pont-Neuf , 11e. arr.

Harpe (rue de la); en montant jusqu'à la place St.-Michel , à droite , div. du Théâtre-Français , 11e. arr.; à gauche , div. des Thermes , 11e. arr.

Haut-Caillou (rue du), div. de la Cité , 9e. arr.

Haut-Moulin (rue du) , ou Gros-Caillou , Marché-aux-Chevaux , div. du Finistère, 12e. arr.

Haut-Pavé (rue du), place Maubert , div. du Panthéon , 12e. arr.

Haute-Borne (rue) , ou Courtille , faubourg du Temple , div. de Bondi , 5e. arr.

Haute - des - Ursins (rue). Voir *Ursins.*

Hautefeuille (rue) , St.-André-des-Arts , div. du Théâtre-Français , 11e. arr.

Haute-Fort (cul-de-sac), rue des Bourguignons , faubourg St.-Jacques, div. de l'Observatoire, 12e. arr.

Hauteville (rue) , ou de la Michodière , div. Poissonnière , 3e. arr.

Haut-Pas. Voir *Jacques-du-.*

Hasard (rue du), butte St.-Roch , div. de la Butte-des-Moulins , 2e. arr.

Heaumerie (rue et cul-de-sac de la) , St.-Denis, div. des Lombards , 6e. arr.

Hebert (rue), à Chaillot, div. des Champs-Elysées, 1er. arr.

Helder (rue du), ci-devant cul-de-sac Taitbout,
boulevard Italien, div. du Mont-Blanc, 2e. arr.

Helvétius (rue), ci-devant Ste.-Anne ; du carrefour
de la butte St.-Roch à la rue Neuve-des-Petits-
Champs, div. de la Butte-des-Moulins, 2e. arr. ;
de la rue Neuve-des-Petits-Champs à la rue Grammont, div. Lepelletier, 2e. arr.

Henri (rue), enclos St.-Martin, div. des Gravilliers ;
6e. arr.

Henri (cour), marché d'Aguesseau, div. de la Place-
Vendôme., 1er. arr.

Hermite (rue du Puits-l'). Voir *Puits*.

Hermites. Voir *Deux-Hermites*.

Hilaire (rue du Mont-St.-), ou du Puits-Certain,
div. du Panthéon, 12e. arr.

Hillerin-Bertin (rue), faubourg St.-Germain,
div. de l'Ouest, 10e. arr.

Hirondelle (rue de l'), Pont-St.-Michel, div. du
Théâtre-Français, 11e. arr.

Hoche (rue), ci-devant Baujolois, div. des Tuileries, 1er. arr.

Homme-Armé (rue de l'), au Marais, div. de l'Homme-
Armé, 7e. arr.

Hommes-Libres (rue des), ou Lenoir, à la Halle,
div. des Marchés, 4e. arr.

Honoré (rue St.-) ; en entrant par la porte St.-
Honoré, 1°., à droite, de la rue de la Concorde
à la rue Froimanteau, div. des Tuileries, 1er. arr. ;
de la rue Froimanteau à la rue des Déchargeurs,

div. des Gardes-Françaises, 4e. arr. ; 2°. , à gau-
che, du coin du boulevard à la place Vendôme,
div. de la Place-Vendôme, 1er. arr. ; de la place
Vendôme à la rue des Bons-Enfans, div. de la
Butte-des-Moulins, 2e. arr. ; de la rue des Bons-
Enfans à la rue du Four , div. la Halle-au-Blé,
4e. arr. ; de la rue du Four à la rue des Grands-
Piliers ou de la Tonnellerie , div. du Contrat-
Social , 3e. arr. ; de la rue des Grands-Piliers à
la rue de la Lingerie , div. des Marchés , 4e. arr.

Honoré (rue du Faubourg-St.-), ou du Roule ; à
droite, du coin du boulevard à la rue de la Madeleine, div. de la Place - Vendôme , 1er. arr. , et
de la rue de la Madeleine à la barrière du Roule ,
div. du Roule , 1er. arr. ; à gauche , de la rue de
la Concorde à la barrière du Roule , div. des
Champs-Elysées , 1er. arr.

Honoré (enclos et passage St.-) , div. de la Halle-
au-Blé , 4e. arr.

Honoré-Chevalier (rue). Voir *Honoré-Liberté.*

Honoré-Liberté (rue), ci-devant Honoré-Chevalier,
Vaugirard , div. du Luxembourg , 11e. arr.

Hôpital-St.-Louis (rue de l'). Voir *Hospice-du-*
Nord.

Hospice-du-Nord (rue de l'), ci-devant de l'Hôpital-St.-Louis , div. de Bondi , 5e. arr.

Hospitalières (cul-de-sac des), rue de la Chaussée-
des-Minimes , div. de l'Indivisibilité , 8e. arr.

Hôtel-de-Ville. Voir *Maison-Commune.*

Houssaye (passage du), rue du Ponceau , div. des
Amis-de-la-Patrie , 6e. arr.

I Houssaye (rue du) , chaussée d'Antin , div. du Mont-Blanc , 2°. arr.

I Huchette (rue de la) , St.-Jacques , div. des Thermes , 11°. arr.

I Hugues (rue St.-) , enclos St.-Martin , div. des Gravilliers , 6°. arr.

I Hurepoix (rue du) , Pont-St.-Michel , div. du Théâtre-Français , 11°. arr.

Hurleur (rues du Grand et du Petit-) , St.-Martin , div. des Amis-de-la-Patrie , 6°. arr.

Hyacinthe (rue , cul-de-sac et passage St.-) , place St.-Michel , div. des Thermes , 11°. arr.

Hyacinthe (passage St.-) , ou des Jacobins , rue St.-Honoré , div. de la Butte-des-Moulins , 2°. arr.

Hypolite (rue St.-) , faubourg St.-Marcel , div. du Finistère , 12°. arr.

I

Imprimerie-Royale. Voir *Monnaie.*

Indien (passage de l') , rue Mêlée , div. des Gravilliers , 6°. arr.

Indivisibilité (rue de l') , ci-devant Royale , rue St.-Antoine , div. de l'Indivisibilité , 8°. arr.

Innocens (passage des) , rue St.-Denis , div. des Marchés , 4°. arr.

Invalides (quinconce des) , div. des Invalides , 10°. arr.

Ile-des-Cygnes. Voir *Cygnes.*

Ile-de-la-Fraternité , ci-devant St.-Louis. Voir *Fraternité.*

Ile-Louviers. Voir *Louviers*.

Ivrogne (rue de l'), à la Grande-Pinte, faubourg Charenton, div. des Quinze-Vingts, 8e. arr.

Ivry (petite rue d'), div. du Jardin-des-Plantes, 12e. arr.

J

Jacinte (rue), St.-Jacques, div. du Panthéon, 12e. arr.

Jacob (rue), faubourg St.-Germain, div. de l'Unité, 10e. arr.

Jacobins (cul-de-sac des), St.-Honoré, div. de la Butte-des-Moulins, 2e. arr.

Jacobins (passage des), ou St.-Thomas-d'Aquin, rues du Bac et St.-Dominique, div. de la Fontaine-de-Grenelle, 10e. arr.

Jacobins (passage des), rues St.-Jacques et de la Harpe, div. des Thermes, 11e. arr.

Jacques (rue St.-); à droite, de la rue St.-Severin à celle St.-Hyacinthe, div. des Thermes, 11e. arr. ; à gauche, de la rue Galande à celle des Fossés-St.-Jacques ou de l'Estrapade, div. du Panthéon, 12e. arr.

Jacques (rue du Faubourg-St.-), ou de l'Observatoire; à droite, de la rue St.-Hyacinthe à la rue St.-Dominique, div. des Thermes, 11e. arr. ; de la rue St.-Dominique à la barrière, et à gauche, de la rue des Fossés-St.-Jacques ou de l'Estrapade à la barrière, div. de l'Observatoire, 12e. arr.

Jacques-de-la-Boucherie (rue St.-); en entrant par

la rue des Arcis, à droite, div. des Lombards, 6ᵉ. arr. ; à gauche, div. des Arcis, 7ᵉ. arr.

St.Jacques-du-Haut-Pas (passage ou ruelle St.-), rues du Faubourg-St.-Jacques et d'Enfer, div. de l'Observatoire, 12ᵉ. arr.

St.Jacques-de-l'Hôpital (enclos et passage St.-), rues Bon-Conseil et St.-Denis, div. de Bon-Conseil, 5ᵉ. arr.

St.Jardin des-Plantes (cul de-sac du), rue de Seine, div. du Jardin–des-Plantes, 12ᵉ. arr.

Jardin-des-Plantes (rue du), ci-devant du Jardin-du-Roi ; des rues de Seine et Copeau à celle de Buffon et Neuve-d'Orléans, div. du Jardin-des-Plantes, 12ᵉ. arr. ; des rues de Buffon et Neuve-d'Orléans à celles Poliveau et des Fossés-St.-Marcel, div. du Finistère, 12ᵉ. arr.

Jardinet (rue du), Hautefeuille, div. du Théâtre-Français, 11ᵉ. arr.

Jardinet (cul-de-sac du), rue St.-Bernard, faubourg St.-Antoine, div. de Montreuil, 8ᵉ. arr.

Jardiniers (cul-de-sac des), rue de la Contrescarpe, div. de Popincourt, 8ᵉ. arr.

Jardins (rue des), div. de l'Arsenal, 9ᵉ. arr.

Jarente (rue de), au Marais, div. de l'Indivisibilité, 8ᵉ. arr.

Jean (rue ou ruelle St.-), faubourg St.-Martin, div. du Nord, 5ᵉ. arr.

Jean (arcade et passage St.-), à la Grève, div. de la Fidélité, 9ᵉ. arr.

Jean (rue du Petit-St.-) au Gros-Caillou, div. des Invalides, 10ᵉ. arr.

Jean-Baptiste (rue St.-), près de Mousseaux, div. du Roule, 1er. arr.

Jean-de-Beauce (rue), à la Halle, div. des Marchés, 4e. arr.

Jean-de-Beausire (rue), St.-Antoine, div. de l'Indivisibilité, 8e. arr.

Jean-de-Beauvais (rue St.-), div. du Panthéon, 12e. arr.

Jean-St.-Denis (rue), St.-Honoré, div. des Gardes-Françaises, 4e. arr.

Jean-de-l'Epine (rue St.-), à la Grève, div. des Arcis, 7e. arr.

Jean-Gille (ruelle) ou rue de la Réalle, rue du Cygne, div. de Bon-Conseil, 5e. arr.

Jean-Jacques-Rousseau (rue), ci-devant Plâtrière, div. du Contrat-Social, 3e. arr.

Jean-Lantier (rue), St.-Germain-l'Auxerrois, div. du Muséum, 4e. arr.

Jean-de-Latran (rue, enclos et passage St.-), place Cambrai, div. du Panthéon, 12e. arr.

Jean-Molé (rue). Voir *Fontaine.*

Jean-Pain-Molet (rue), div. des Arcis, 7e. arr.

Jean-Robert (rue), St.-Martin, div. des Gravilliers, 6e. arr.

Jean-Tison (rue), St.-Germain-l'Auxerrois, div. des Gardes-Françaises, 4e. arr.

Jehan-Bonne-Fille (passage ou ruelle), rue de la Tuerie, div. des Arcis, 7e. arr.

Jérôme (rue St.-), div. des Arcis, 7e. arr.

Jérusalem (cul-de-sac), rue St.-Christophe , div. de la Cité , 9ᵉ. arr.

Jérusalem (rue de), quai des Orfèvres, div. du Pont-Neuf, 11ᵉ. arr.

Jésus (cul-de-sac du Petit-). Voir *Claude.*

Jeuneurs (rue des), ou des Jeux-Neufs, Montmartre, div. de Brutus, 5ᵉ. arr.

Joaillerie (rue de la); en entrant par le quai de Gèvres , à droite, div. des Arcis, 7ᵉ. arr.; à gauche, div. du Muséum , 4ᵉ. arr.

Jolivet (rue), ou Pretret. Voir *Malboroug.*

Jocquelet (rue), Montmartre, div. du Mail , 3ᵉ. arr.

Joseph (rue St.-), ou du Tems-Perdu , Montmartre , div. de Brutus, 3ᵉ. arr.

Joseph (cour ou enclos St.-), rue St.-Dominique , div. de la Fontaine-de-Grenelle , 10ᵉ. arr.

Joubert (rue), ci-devant des Capucins-Neufs, chaussée d'Antin, div. de la Place-Vendôme , 1ᵉʳ. arr.

Jouy (rue de), St.-Antoine, div. de la Fidélité , 9ᵉ. arr.

Jour (rue et cul-de-sac du), St.-Eustache , div. du Contrat-Social , 3ᵉ. arr.

Jour (cul-de-sac du). Voir *Madeleine.*

Judas (rue), Montagne-Ste.-Geneviève , div. du Panthéon, 12ᵉ. arr.

Juifs (rue des), au Marais, div. des Droits-de-l'Homme , 7ᵉ. arr.

Juiverie (rue de la), div. de la Cité , 9ᵉ. arr.

Juiverie (cour de la), rue des Fossés-St.-Antoine , div. des Quinze-Vingts, 8ᵉ. arr.

H

Julien-le-Pauvre (rue et cour St.-), St.-Jacques ;
div. du Panthéon , 12ᵉ. arr.

Jussienne (rue de la), ou Marie-Egyptienne ; en
entrant par la rue Montmartre , à droite , div. du
Mail , 3ᵉ. arr. ; à gauche , div. du Contrat-Social ;
3ᵉ. arr.

Justice (rue de la), ci-devant Princesse , faubourg
St.-Germain , div. du Luxembourg , 11ᵉ. arr.

Justice. Voir *Palais-de-*.

L

LAFAYETTE. Voir *Contrat-Social.*

Lait. Voir *Pierre-au-Lait.*

Lamoignon (cour de), Palais de justice, div. du Pont-
Neuf, 11ᵉ. arr.

Lancry (rue de), boulevard St.-Martin, div. de Bondi,
5ᵉ. arr.

Landri. Voir *Chevet-St.-Landri.*

Landri (cul-de-sac St-), div. de la Cité , 9ᵉ. arr.

Langlade (rue de), butte St.-Roch , div. de la Butte-
des-Moulins , 2ᵉ. arr.

Langronerie. Voir *Grosnière.*

Lanterne (rue de la), Pont-Notre-Dame , div. de
la Cité , 9ᵉ. arr.

Lanterne (rues de la et de la Vieille-), St.-Bon ,
div. des Arcis ; 7ᵉ. arr.

Lantier. Voir *Jean-Lantier.*

Lappe (rue de), faubourg St.-Antoine ; en entrant

par la rue d'Aval , à droite, div. de Montreuil ,
8°. arr. ; à gauche , div. de Popincourt , 8°. arr.

Lard (rue au) , à la Halle , div. des Marchés , 4°. arr.

Lard. Voir *Pierre-au-Lard.*

Latran. Voir *Jean-de-Latran.*

Laumel (rue de) , div. des Invalides , 10°. arr.

Launay (cul-de-sac de) , rue de Charonne , div. de
Popincourt , 8°. arr.

Laurent (cul-de-sac St. -) , rue Basse - St. - Denis ,
div. Poissonnière , 5°. arr.

Laurent (rue et passage de la foire St. -) , faubourg
St.-Martin , div. du Nord , 5°. arr.

Laurent (rue Neuve-St. -) , Temple , div. des Gravilliers , 6°. arr.

Laurent (faubourg St. -). Voir *Martin.*

Laurent. Voir *Gervais-Laurent.*

Laval (rue) , barrière Larochefoucault , au bas de
Montmartre , div. du Mont-Blanc , 2°. arr.

Lavandières (rue des) ; en entrant par la rue St. -
Germain-l'Auxerrois , à droite , jusqu'à la rue du
Chevalier-du-Guet , et à gauche , jusqu'à la rue
des Mauvaises-Paroles , div. du Muséum , 4°. arr. ;
à gauche , de la rue des Mauvaises-Paroles à celle
des Foureurs , div. des Gardes-Françaises , 4°. arr. ;
à droite , de la rue du Chevalier-du-Guet à celle
des Foureurs , div. des Marchés , 4°. arr.

Lavandières (rue des) , place Maubert , div. du Panthéon , 12°. arr.

Lavrillière. Voir *Vrillière.*

Lazare (rue St. -) ; en entrant par le faubourg Mont-

martre , à droite , depuis la rue des Martyrs jusqu'à celle de Clichy , div. du Mont-Blanc , 2°. arr. ;
de la rue de Clichy à celle des Rochers , div. du
Roule , 1ᵉʳ. arr. ; à gauche , de la rue du Faubourg-Montmartre à celle du Mont-Blanc , div. du
Mont-Blanc , 2ᵉ. arr. ; de la rue du Mont-Blanc à
celle de l'Arcade , div. de la Place - Vendôme ,
1ᵉʳ. arr.

Lazare (cul-de-sac St.-) , rue du Faubourg-St.-De-
nis , div. Poissonnière , 5ᵉ. arr.

Lazare (faubourg St.-). Voir *Denis.*

Lazare (rue Grenier-St.-). Voir *Grenier-St-.*

Lenoir (rue) , à la Halle. Voir *Hommes-Libres.*

Lenoir (rue) , marché Beauveau , faubourg St.-An-
toine , div. des Quinze-Vingts , 8°. arr.

Lepelletier (rue) , boulevard Italien , div. du Mont-
Blanc , 2°. arr.

Lepelletier (rue Neuve-) , près de l'Opéra , div. Lepelletier , 2ᵉ. arr.

Lepelletier (rue Michel-). Voir *Michel-Lepelletier.*

Lesdiguières (rue et passage) , rue St.-Antoine , div.
de l'Arsenal , 9ᵉ. arr.

Lessart (rue de) , Marché-aux-Chevaux , div. du Finistère , 12ᵉ. arr.

Leufroy (rue) , Apport-Paris , div. du Muséum ,
4ᵉ. arr.

Levée. Voir *Pierre-Levée.*

Levis (rue de) , à la Pologne , div. du Roule , 1ᵉʳ. arr.

Levrette (rue de la) , près de la Grève , div. de
la Fidélité , 9ᵉ. arr.

Liberté (rue de la) , ci-devant des Fossés-M.-le-

Prince, div. du Théâtre-Français, 11ᵉ. arr.

Liberté (rue Honoré-). Voir *Honoré-Liberté.*

Licorne (rue de la), div. de la Cité, 9ᵉ. arr.

Lille (rue de), faubourg St.-Germain, ci-devant Bourbon, div. de la Fontaine-de-Grenelle, 10ᵉ. arr.

Limace (rue de la), Bourdonnais, div. des Gardes-Françaises, 4ᵉ. arr.

Limoges (rue de), au Marais, div. de l'Homme-Armé, 7ᵉ. arr.

Lingerie (rue de la), à la Halle, div. des Marchés, 4ᵉ. arr.

Lion (rue du Petit-), St.-Denis, div. de Bon-Conseil, 5ᵉ. arr.

Lion (rue du Petit-), faubourg St.-Germain, div. du Luxembourg, 11ᵉ. arr.

Lionnais (rue des), faubourg St-Jacques, div. de l'Observatoire, 12ᵉ. arr.

Lions (rue des), St. - Paul, div. de l'Arsenal, 9ᵉ. arr.

Lody. Voir *Pont-de-Lody.*

Loi (rue de la), ci-devant Richelieu ; du boulevard à la rue Neuve-des-Petits-Champs, div. Lepelletier, 2ᵉ. arr. ; de la rue Neuve-des-Petits-Champs à la rue St.-Honoré, div. de la Butte-des-Moulins, 2ᵉ. arr.

Lombards (rue des), div. des Lombards, 6ᵉ. arr.

Lombards (passage des), div. des Lombards, 6ᵉ. arr.

Long-Champ (rue de), à Chaillot, div. des Champs-Elysées, 1ᵉʳ. arr.

Longue-Allée. Voir *Tracy.*

Long-Pont (rue de), Port-au-Blé, div. de la Fidélité , 9ᵉ. arr.

Longue-Aveine (rue), barrière d'Enfer , div. de l'Observatoire , 12ᵉ. arr.

Longueville (passage) , rue St.-Thomas-du-Louvre et Carrouzel, div. des Tuileries , 1ᵉʳ. arr.

Lorette. Voir *Coquenard.*

Lorillon (rue de), div. du Temple , 6ᵉ. arr.

Louis (rue St.-), en l'Ile. Voir *Fraternité.*

Louis (petite rue St.-), St.-Honoré, div. des Tuileries , 1ᵉʳ. arr.

Louis (rue St.-), au Marais. Voir *Turenne.*

Louis (rue St.-), en la Cité , div. du Pont-Neuf , 11ᵉ. arr.

Louis-le-Grand (rue). Voir *de la Place-Vendôme.*

Louis (cul-de-sac St.-), ou du Nord , rue de l'Hospice du Nord , div. de Bondi , 5ᵉ. arr.

Louis (rue du Buisson-St.-). Voir *Buisson.*

Louis-de-la-Couture. Voir *Couture.*

Louis-du-Louvre. Voir *Nicolas-du-Louvre.*

Loustalot. Voir *Fossés-St.-Victor.*

Louvois (rue de), près l'Opéra , div. Lepelletier , 2ᵉ. arr.

Louvre (cours et passage du Vieux-). Voir *Muséum.*

Lune (rue de la), porte St.-Denis , div. de Bonne-Nouvelle , 5ᵉ. arr.

Luxembourg (rue Neuve-du-), St.-Honoré , div. de la Place-Vendôme , 1ᵉʳ. arr.

Lycée (rue du), ci-devant Valois , près du Palais du Tribunat , div. de la Butte-des-Moulins, 2ᵉ. arr.

M

MABLY (rue de), faubourg Poissonnière, div. Poissonnière, 3e. arr.

Mâcon (rue), St.-André-des-Arts, div. du Théâtre-Français, 11e. arr.

Mâcon (abreuvoir). Voir *Cagnardi*.

Maçons (rue des), Sorbonne, div. des Thermes, 11e. arr.

Madame. Voir *Citoyennes*.

Madeleine (rue de la); en entrant par le faubourg St.-Honoré, à droite, div. de la Place-Vendôme, 1er. arr.; à gauche, div. du Roule, 1er. arr.

Madeleine (passage de la), quai de l'Ecole, div. du Muséum, 4e. arr.

Madeleine (cul-de-sac de la), ou du Jour, rue du Jour, div. du Contrat-Social, 5e. arr.

Madelonettes. Voir *Fontaines*.

Magloire (rue et enclos St.-), St.-Denis, div. des Lombards, 6e. arr.

Mai (cour du), Palais de justice, div. du Pont-Neuf, 11e. arr.

Mail (rue du), Montmartre, div. du Mail, 3e. arr.

Mail (emplacement et passage du), quai des Célestins, div. de l'Arsenal, 9e. arr.

Maillets. Voir *Deux-Maillets*.

Maine (chaussée du), près de la barrière de ce nom, div. du Luxembourg, 11e. arr.

Maison-Commune, ci-devant Hôtel-de-Ville, div. de la Fidélité, 9e. arr.

Maison-Neuve (rue), faubourg du Roule, div. du Roule, 1er. arr.

Malboroug (ruelle), ou rue Jolivet, ou Pretret, barrière Ste. Anne, div. du Faubourg-Montmartre, 2e. arr.

Malthe (rue de), ci-devant de Chartres, Carrouzel, div. des Tuileries, 1er. arr.

Malthe (rue de), faubourg du Temple, div. du Temple, 6e. arr.

Mandar (rue), Egoût-Montmartre, div. du Contrat-Social, 3e. arr.

Manége (cour du), incessamment rue..., div. des Tuileries, 1er. arr.

Mantoue (rue de), ci-devant de Chartres, faubourg du Roule, div. du Roule, 1er. arr.

Maquignons (rue des), faubourg St.-Marcel, div. du Finistère, 12e. arr.

Marais (rue des), faubourg St.-Martin, div. de Bondi, 5e. arr.

Marais (rue des), faubourg du Temple, div. du Temple, 6e. arr.

Marais (rue des), faubourg St.-Germain, div. de l'Unité, 10e. arr.

Marais (rue des), faubourg Charenton. Voir *Fumier*.

Marais (ruelle des). Voir *Biron*.

Marc (rue St.- et rue Neuve-St.-), div. Lepelletier, 2e. arr.

Marceau (rue) ci-devant de Rohan, div. des Tuileries, 1er. arr.

Marcel (rue). Voir *Fossés-St.-Marcel*.

Marce

Marcel (enclos et passage St.-), div. du Finistère , 12e. arr.

Marche (rue de la), au Marais, div. de l'Homme-Armé , 7e. arr.

Marché (rue du), faubourg du Roule , div. du Roule , 1er. arr.

Marché-aux-Chevaux (rue du), div. du Finistère , 12e. arr.

Marché-Neuf (rue du), div. de la Cité , 9e. arr.

Marché-Palu (rue du) , div. de la Cité , 9e. arr.

Marché-aux-Poirées (rue du), à la Halle , div. des Marchés , 4e. arr.

Marcou (rue), enclos St.-Martin , div. des Gravilliers , 6e. arr.

Marengo (rue de). Voir *Enfer*.

Marguerite (rue Ste.-), faubourg St.-Antoine , div. de Montreuil , 8e. arr.

Marguerite (rue Ste.- et Petite-rue-Ste.-), faubourg St.-Germain , div. de l'Unité , 10e arr.

Marie (rue Ste.-), faubourg St.-Germain , div. de la Fontaine-de-Grenelle , 10e. arr.

Marie-Egyptienne. Voir *Jussienne*.

Marigny (rue de), faubourg St.-Honoré , div. des Champs-Elysées , 1er. arr.

Marine (cul-de-sac Ste.-), rue St.-Pierre-aux-Bœufs, div. de la Cité , 9e. arr.

Marion (rue de l'Arche), St.-Germain-l'Auxerrois, div. du Muséum , 4e. arr.

Marionnettes (rue des), faubourg St.-Jacques , div. de l'Observatoire , 12e. arr.

I

Marivaux (rue de), boulevard Italien, div. Lepelletier, 2ᵉ. arr.

Marivaux (rue et petite rue de), St.-Denis, div. des Lombards, 6ᵉ. arr.

Marivaux (cul-de-sac). Voir *Etuves*.

Marmitte (passage de la), rue Phelipeaux, div. des Gravilliers, 6ᵉ. arr.

Marmousets (rue des), div. de la Cité, 9ᵉ. arr.

Marmousets (rue des), faubourg St.-Marcel, div. du Finistère, 12ᵉ. arr.

Mars. Voir *Champ-de-*.

Marseillois. (rue des). Voir *Ecole-de-Médecine*.

Martel (rue), faubourg Poissonnière, div. Poissonnière, 3ᵉ. arr.

Marthe (rue Ste.-), abbaye St.-Germain, div. de l'Unité 10ᵉ. arr.

Martial (cul-de-sac St.-), rue St.-Eloi, div. de la Cité, 9ᵉ. arr.

Martin (rue St.-); en entrant par la porte St.-Martin, à droite, jusqu'à la rue aux Ours, div. des Amis-de-la-Patrie, 6ᵉ. arr.; et de la rue aux Ours à celle des Lombards, div. des Lombards, 6ᵉ. arr.; à gauche, jusqu'à la rue du Cimetière-St.-Nicolas, div. des Gravilliers, 6ᵉ. arr.; et de la rue du Cimetière à celle de la Verrerie, div. de la Réunion, 7ᵉ. arr.

Martin (rue du faubourg St.-), ci-devant St.-Laurent ou du Nord; de la porte St.-Martin à la barrière, à droite, div. de Bondi, 5ᵉ. arr.; à gauche, div. du Nord, 5ᵉ. arr.

Martin (enclos, cour et passage St.-), div. des Gravilliers, 6e. arr.

Martin-des-Champs (rue St.-), abbaye St.-Martin, div. des Gravilliers, 6e. arr.

Martin (rue des Fossés-St.-). Voir *Fossés St.-*

Martin (rue neuve St.-), div. des Gravilliers, 6e. arr.

Martin (petite rue St.-). Voir *Grosnière.*

Martin (cul-de-sac). Voir *Planchette.*

Martin (ruelle à), à Chaillot, div. des Champs-Elysées, 1er. arr.

Martroi (rue du), ou du Chevet St.-Jean-en-Grève, div. de la Fidélité, 9e. arr.

Martyrs. Voir *Champ-du-Repos.*

Marville (rue de), au Marais, div. de l'Indivisibilité, 8e. arr.

Mathurins (rue des), St.-Jacques, div. des Thermes, 11e. arr.

Mathurins (rue de la Ferme-des-). Voir *Ferme.*

Mathurins (rue Neuve-des-), chaussée d'Antin, div. de la Place-Vendôme, 1er. arr.

Mathurins (rue Neuve-des-), chaussée d'Antin, div. de la Place-Vendôme, 1er. arr.

Mathurins (cul-de-sac des), rue Neuve-des-Mathurins, div. de la Place-Vendôme, 1er. arr.

Matignon (rue), ou Rousselet, faubourg du Roule, div. des Champs-Elysées, 1er. arr.

Maubuée (rue), St.-Martin, div. de la Réunion, 7e. arr.

I 2

Mauconseil (rue). Voir *Bon-Conseil*.

Maur (rue), div. de Bondi, 5e. arr.

Maur (rue St.-), div. de Popincourt, 8e. arr.

Maur (rue St.-), faubourg St.-Germain , div. de l'Ouest, 10e. arr.

Maur. Voir *Bornes*.

Maure (rue du), enclos St.-Martin , div. des Gra-villiers, 6e. arr.

Maures (rue des Trois-), St.-Denis, div. des Lombards, 6e. arr.

Maures (cour des), palais du Tribunat, div. de la Butte-des-Moulins, 2e. arr.

Mauvais-Garçons (rue des), au Marais, div. des Droits-de-l'Homme, 7e. arr,

Mauvais-Garçons (rue des), faubourg St.-Germain , div. de l'Unité, 10e. arr,

Mauvaises-Paroles (rue des) , St.-Germain-l'Auxer-rois , div. des Gardes-Françaises , 4e. arr.

Mazarine (rue) , faubourg St.-Germain , div. de l'Unité , 10e. arr.

Mazure (rue de la), près de la Grève , div. de la Fidélité ; 9e. arr,

Médard (rue Neuve-St.-), ou d'Ablon, faubourg St.-Marcel , div. du Jardin-des-Plantes, 12e. arr.

Médecine. Voir *Ecole-de-*.

Ménars (rue de), Grammont , div. Lepelletier, 2e. arr.

Ménétriers (rue des), St.-Martin , div. de la Réu-nion , 7e. arr.

Mercy (rue de la). Voir *Chaume*.

Mercière (rue), div. de la Halle-au-Blé , 4e. arr.

Merderet. Voir *Verderet*.

Merry (rue Neuve-St.- , et rue du Cloître-St.-), div. de la Réunion ; 7e. arr.

Mêlée (rue), porte St.-Martin , div. des Gravilliers , 6e. arr.

Menil-Montant (rue), boulevard du Temple ; en montant , à droite , div. de Popincourt, 8e. arr. ; à gauche , div. du Temple , 6e. arr.

Messageries (rue des), faubourg Poissonnière , div. Poissonnière , 3e. arr.

Mezière (rue), Vaugirard, div. du Luxembourg , 11e. arr.

Michel (cul-de-sac du Grand-), faubourg St.-Martin , div. de Bondi , 5e. arr.

Michel-le-Comte. Voir *Michel-Lepelletier*.

Michel-Lepelletier (rue) , ci-devant Michel-le-Comte , St.-Martin , div. de la Réunion , 7e. arr.

Michodière (rue de la), boulevard Italien, div. Lepelletier , 2e. arr.

Michodière. Voir *Hauteville*.

Mignon (rue), St.-André-des-Arts, div. du Théâtre-Français , 11e. arr.

Milieu-des-Ursins. Voir *Ursins*.

Militaire. Voir *Ecole*.

Minimes (rue des , et de la Chaussée-des-), div. de l'Indivisibilité, 8e. arr.

Mirabeau. Voir *Mont-Blanc*.

Miracles (cour des), rue des Petits-Carreaux, div. de Bonne-Nouvelle, 5e. arr.

Miracles (cour et cul-de-sac des), div. de Bon-Conseil, 5e. arr.

Miracles (cour des), rue Mont-Gallet, div. des Quinze-Vingts, 8e. arr.

Miracles (cour et passage des), rue des Tournelles, div. de l'Indivisibilité, 8e. arr.

Miracles (cour des), rue et île de la Fraternité, div. de la Fraternité, 9e. arr.

Miroménil (rue de), faubourg St.-Honoré, div. du Roule, 1er. arr.

Miséricorde. Voir *Biches.*

Moine (rue du Petit-), faubourg St.-Marcel, div. du Finistère, 12e. arr.

Moineaux (rue des), St.-Roch, div. de la Butte-des-Moulins, 2e. arr.

Molière (rue de), Place de l'Odéon, div. du Théâtre-Français, 11e. arr.

Molière (passage), rues St.-Martin et Quincampoix, div. des Lombards, 6e. arr.

Monceau-St.-Gervais (rue du), près de la Grève, div. de la Fidélité, 9e. arr.

Monceau (rue du), ou Mouceau, faubourg du Roule, div. du Roule, 1er. arr.

Mondétour (rue); en entrant par la rue de la Chanverrerie, à droite, jusqu'à la rue Pirouette, div. de Bon-Conseil, 5e. arr.; en entrant par la rue des Prêcheurs, à droite, jusqu'à la rue de la Chanverrerie, et à gauche, jusqu'à la rue Pirouette, div. des Marchés, 4e. arr.

Mongallet. Voir *Reuilly.*

Monnaie (rue de la), div. du Muséum, 4e. arr.

Monnaie (rue de la Vieille-), div. des Lombards, 6e. arr.

Monnaie (petite rue de la), ou de l'Imprimerie-Royale, div. des Tuileries, 1er. arr.

Monnaie (cul-de-sac de la), ci-devant Conti, div. de l'Unité, 10e. arr.

Monsieur (rue). Voir *Bigot.*

Montagne-Ste.-Geneviève. Voir *Geneviève.*

Mont-St.-Hilaire. Voir *Hilaire.*

Mont-Parnasse. Voir *Parnasse.*

Mont-Blanc (rue du), ci-devant Mirabeau, et de la Chaussée-d'Antin; en entrant par le boulevard, à droite, div. du Mont-Blanc, 2e. arr; à gauche, div. de la Place-Vendôme, 1er. arr.

Montholon (rue de), div. du Faubourg-Montmartre, 2e. arr.

Montigny (rue de), quai de la Tournelle, div. du Jardin-des-Plantes, 12e. arr.

Montmartre (rue); en entrant par le boulevard, à droite, jusqu'à la rue des Victoires-Nationales, div. Lepelletier, 2e. arr.; de la rue des Victoires à la rue de la Jussienne, div. du Mail, 3e. arr.; de la rue de la Jussienne à la pointe St.-Eustache, div. du Contrat-Social, 5e arr.; à gauche, jusqu'au passage du Saumon, div. de Brutus, 3e arr.; de ce passage à la pointe St.-Eustache, div. du Contrat-Social, 3e. arr.

Montmartre (rue du Faubourg-); en entrant par le boulevard, à droite, div. du Faubourg-Montmartre, 2e. arr.; à gauche, div. du Mont-Blanc, 2e. arr.

Montmartre (rue des Fossés-). Voir *Fossés.*

Montmartre (rue Neuve-des-Fossés-). Voir *Feydeau.*

Montmorency (rue de). Voir *Réunion.*

Montmorency (rue Neuve-), Feydeau, div. Lepelletier, 2e. arr.

Montorgueil (rue), et Comtesse-d'Artois, réunies ;
en entrant par la pointe St.-Eustache, à droite ,
jusqu'à la rue St.-Sauveur, div. de Bon-Conseil ,
5e. arr. ; à gauche, jusqu'au passage du Saumon ,
div. du Contrat-Social, 3e. arr. ; et de ce passage
à la rue du Bout-du-Monde, div. de Brutus,
3e. arr.

Montpensier. Voir *Quiberon.*

Montreuil (rue de), faubourg St.-Antoine, div. de
Montreuil, 8e. arr.

Moreau. Voir *Filles-Anglaises.*

Mortagne (cul-de-sac), rue de Charonne, div. de
Montreuil, 8e. arr.

Mortellerie (rue de la), à la Grève, div. de la Fidélité, 9e. arr.

Mortellerie (rue de la Petite-), div. de l'Arsenal ,
9e. arr.

Morts (rue des), faubourg St.-Martin, div. de Bondi,
5e. arr.

Morts (rue des Trois-), près de la Grève, div. de la
Fidélité, 9e. arr.

Morue (rue de la Bonne-). Voir *Champs-Elysées.*

Mouceau. Voir *Monceau.*

Mouffetard (rue) ; à droite, de la rue de Fourcy à celle
Contréscarpe, div. du Panthéon, 12e. arr., et de la

rue Contrescarpe à celle de l'Oursine , div. de l'Observatoire , 12e. arr. ; à gauche, de la rue des Fossés-
St.-Victor à celle de l'Epée-de-Bois , div. du
Jardin-des-Plantes , 12e. arr. , et de la rue de
l'Epée-de-Bois à celle de l'Oursine , div. du Finistère , 12e. arr.

Moulin (rue du), barrière Reuilly , div. des Quinze-
Vingts , 8e. arr.

Moulin (passage du), rue de la Tuerie, div. des
Arcis , 7e. arr.

Moulin (rue du Haut-). Voir *Haut-Moulin.*

Moulins (rue des), ci-devant Royale , St.-Roch ,
div. de la Butte-des-Moulins , 2e. arr.

Moulins (rue des), faubourg St.-Martin , div. de
Bondi , 5e. arr.

Moulins (rue des Trois-), div. du Temple , 6e. arr.

Moussy (rue de), Verrerie , div. des Droits-de-
l'Homme , 7e. arr.

Mouton (rue du); en entrant par la place de Grève ,
à droite, div. de la Fidélité , 9e. arr. ; à gauche ,
div. des Arcis , 7e. arr.

Muette (rue de la), Charonne , div. de Popincourt,
8e. arr.

Muette (rue de la), faubourg St.-Marcel , div. du
Finistère , 12e. arr.

Mule (rue du Pas-de-la-). Voir *Pas.*

Mulets (rue des), div. de la Butte-des-Moulins ,
2e. arr.

Mûrier (rue du), St.-Victor , div. du Jardin-des-
Plantes , 12e. arr.

Murs-de-la-Roquette (rue des), div. de Popincourt, 8ᵉ. arr.

Musc (rue du Petit-), St.-Antoine, div. de l'Arsenal, 9ᵉ. arr.

Muséum (rue du Petit-), ci-devant du Petit-Bourbon, div. du Muséum, 4ᵉ. arr.

Muséum (cours et passages du), ou Vieux-Louvre, div. du Muséum, 4ᵉ. arr.

N

NATIONALE. Voir *Indivisibilité.*

Navarre. Voir *Teinturiers.*

Navet. Voir *Arche.*

Nazareth (rue Notre-Dame-de-); Temple, div. des Gravilliers, 6ᵉ. arr.

Nazareth (arcade), ou Jérusalem, palais de Justice, div. du Pont-Neuf, 11ᵉ. arr.

Necker (rue), au Marais, div. de l'Indivisibilité, 8ᵉ. arr.

Neuf (rue du Marché-). Voir *Marché-Neuf.*

Neuilly (rue de), à la Petite-Pologne, div. du Roule, 1ᵉʳ. arr.

Neuve-Anastase. Voir *Anastase*, et ainsi de toutes les rues dont les noms commencent par *Neuve.*

Nevers (rue et cul-de-sac de), quai de la Monnaie, div. de l'Unité, 10ᵉ. arr.

Nicaise (rue St.-); St.-Honoré, div. des Tuileries, 1ᵉʳ. arr.

Nicolas (rue St.-), faubourg St.-Antoine, div. des Quinze-Vingts , 8e. arr.

Nicolas (rue St.-) ou de l'Egoût, chaussée d'Antin, div. de la Place-Vendôme , 1er. arr.

Nicolas (rue St.-). Voir *Douze-Portes.*

Nicolas (rue Neuve-St.-) , faubourg St.-Martin, div. de Bondi , 5e. arr.

Nicolas (rue du Cimetière-St-). Voir *Cimetière.*

Nicolas-des-Champs (enclos St.-) , div. des Gravilliers , 6e. arr.

Nicolas-du-Chardonet (rue St.-). Voir *Chardonet.*

Nicolas-du-Louvre (passage et enclos St.-) , ou St.-Louis-du-Louvre, rues Froimanteau et St.-Thomas-du-Louvre , div. des Tuileries , 1er. arr.

Nicolas (cul-de-sac St.-); enclos St.-Martin , div. des Gravilliers , 6e. arr.

Noir (rue du); de la rue Neuve-d'Orléans à celle de l'Epée-de-Bois , des deux côtés ; et de la rue de l'Epée-de-Bois à celle Française., à droite, div. du Finistère , 12e. arr. ; de la rue de l'Epée-de-Bois à celle Française , à gauche , div. du Jardin-des-Plantes , 12e. arr.

Nonaindières (rue des); en entrant par le Pont-Marie , à droite, div. de l'Arsenal , 9e. arr. ; à gauche , div. de la Fidélité , 9e. arr.

Nord (rue du Faubourg du). Voir *Martin.*

Nord (rue de l'Hospice du). Voir *Hospice.*

Nord (cul-de-sac du). Voir *Louis.*

Normandie (rue de) , au Marais, div. du Temple , 6e. arr.

Notre-Dame. Voir *Cité*.

Notre-Dame (vieille rue), faubourg St.-Marcel, div.
du Finistère, 12ᵉ. arr.

Notre-Dame-de-Bonne-Nouvelle. Voir *Bonne-Nouvelle*.

Notre-Dame-des-Champs (rue), faubourg St.-Ger-
main, div. du Luxembourg, 11ᵉ. arr.

Notre-Dame-des-Champs (cul-de-sac). Voir *Fleurus*.

Notre-Dame-de-Lorette. Voir *Coquenard*.

Notre-Dame-de-Nazareth. Voir *Nazareth*.

Notre-Dame-de-Recouvrance. Voir *Recouvrance*.

Notre-Dame-des-Victoires. Voir *Victoires*.

Nouette (rue), barrière nationale, ci-devant Royale,
div. du Mont-Blanc, 2ᵉ. arr.

Novion (cul-de-sac). Voir *Péquet*.

Noyers (rue des), St.-Jacques, div. du Panthéon,
12ᵉ. arr.

Numéro-Treize (passage du). Voir *Sandrier*.

O

Oblin (rue), div. de la Halle-au-Blé, 4ᵉ. arr.

Observance (rue de), place de l'Ecole-de-Médecine,
div. du Théâtre-Français, 11ᵉ. arr.

Observatoire (rue de l'). Voir *Jacques*.

Observatoire (petite rue de l'), div. de l'Observatoire, 12ᵉ. arr.

Odéon. Voir *Théâtre-Français*.

Ogniard (rue), St.-Denis , div. des Lombards ,
6e. arr.

Oiseaux (rue des). Voir *Charlot.*

Oiseleurs (rue des) , au Marais , div. de l'Homme-
Armé., 7e. arr.

Olivet (rue d') , faubourg St. - Germain , div. de
l'Ouest , 10e. arr.

Opportune (enclos St.-) , div. des Marchés , 4e. arr.

Orangerie (rue de l'). Voir *Florentin.*

Orangerie (cul-de-sac de l') , div. des Tuileries ,
1er. arr.

Orangerie (rue de l') , faubourg St.-Marcel , div.
du Finistère , 12e. arr.

Orangerie (rue de la Vieille-) , St.-Opportune , div.
des Marchés , 4e. arr.

Oratoire (rue de l') , St.-Honoré , div. des Gardes-
Françaises , 4e. arr.

Oratoire (rue de l'). Voir *Pères-de-l'.*

Orfévres (rue des) , St.-Germain-l'Auxerrois , div.
du Muséum , 4e. arr.

Orléans (rue d') , St.-Honoré , div. de la Halle-
au-Blé , 4e. arr.

Orléans (rue d') , au Marais , div. de l'Homme-
Armé , 7e. arr.

Orléans (rue Basse-d'). Voir *Basse.*

Orléans (rue Neuve-d') ; de la rue Mouffetard , à
droite , jusqu'à celle du Jardin-des-Plantes , et à
gauche , jusqu'à celle du Battoir , div. du Finistère , 12e. arr. ; de la rue du Battoir à celle du

Jardin-des-Plantes, à gauche, div. du Jardin-des-Plantes, 12ᵉ. arr.

Orme (cour de l'.), div. de l'Arsenal, 9ᵉ. arr.

Ormesson (rue d'), marché Ste.-Catherine, div. de l'Indivisibilité, 8ᵉ. arr.

Orties (rue des), Carrouzel, div. des Tuileries, 1ᵉʳ. arr.

Orties (rue des, et Petite-rue-des), St.-Roch, div. de la Butte-des-Moulins, 2ᵉ. arr.

Oseille (rue de l'), au Marais, div. de l'Indivisibilité, 8ᵉ. arr.

Ours (rue aux); en entrant par la rue St.-Martin, à droite, div. des Amis-de-la-Patrie, 6ᵉ. arr.; à gauche, div. des Lombards, 6ᵉ. arr.

Oursine (rue de l'); de la rue Mouffetard à la barrière, à droite, div. de l'Observatoire, 12ᵉ. arr.; à gauche, div. du Finistère, 12ᵉ. arr.

P

Pagevin (rue), place des Victoires, div. du Mail, 3ᵉ. arr.

Pain-Mollet. Voir *Jean-Pain-Mollet.*

Paix (rue de la), projetée, abbaye St.-Germain; div. de l'Unité, 10ᵉ. arr.

Palais-Bourbon. Voir *Palais du Corps législatif.*

Palais du Corps législatif, rue de l'Université, div. des Invalides, 10ᵉ. arr.

Palais-Royal. Voir *Tribunat.*

Palais-de-Justice et Palais-Marchand, div. du Pont-Neuf, 11ᵉ. arr.

alais (cour Neuve-du-), div. du Pont-Neuf, 11ᵉ. arr.

Palais-Egalité. Voir *Tribunat.*

Palatine. Voir *Cimetière.*

Palu. Voir *Marché-Palu.*

Panthéon-Français , rue St.-Jacques , div. du Panthéon , 12ᵉ. arr.

Pantin. Voir *Chemin de.*

Paon (rue du , et cul-de-sac du), Hautefeuille , div. du Théâtre-Français , 11ᵉ. arr.

Paon (rue du), St.-Victor , div. du Jardin-des-Plantes , 12ᵉ. arr.

Paon-Blanc (rue du, et cul-de-sac du), ou Porte-Dorée , quai des Ormes, div. de la Fidélité , 9ᵉ. arr.

Papillon (rue), div. du faubourg Montmartre , 2ᵉ. arr.

Paradis (rue de) , faubourg Poissonnière , div. Poissonnière , 3ᵉ. arr.

Paradis (rue de), Soubise , div. de l'Homme-Armé , 7ᵉ. arr.

Paradis (rue de) , ou cul-de-sac des Ursulines , div. de l'Observatoire , 12ᵉ. arr.

Parc-National (rue du) , ci-devant Parc-Royal , au Marais, div. de l'indivisibilité , 8ᵉ. arr.

Parcheminerie (rue de la) , St.-Jacques , div. des Thermes , 11ᵉ. arr.

Parc-Royal. Voir *Parc-National.*

Parnasse (rue du Mont-), boulevard du Midi , div. du Luxembourg , 11ᵉ. arr.

Paroles. Voir *Mauvaises-Paroles.*

Parvis-de-la-Cité. Voir *Cité.*

Pas-de-la-Mule (rue du), boulevard St.-Antoine , div. de l'Indivisibilité , 8e. arr.

Pastourelle (rue), au Marais, div. de l'Homme-Armé , 7e. arr.

Paul (rue St.- , rue Neuve-St.- , et passage St.-), div. de l'Arsenal , 9e. arr.

Pavé. Voir *Haut-Pavé.*

Pavée (rue), Montorgueil , div. de Bon-Conseil, 5e. arr.

Pavée. Voir *Chantiers.*

Pavée (rue), St.-André-des-Arts , div. du Théâtre-Français , 11e. arr.

Pavée (rue), au Marais, div. des Droits-de-l'Homme, 7e. arr.

Pavillons (rue des Trois-) , au Marais , div. de l'Indivisibilité , 8e. arr.

Paxant (rue) , enclos St.-Martin , div. des Gravilliers , 6e. arr.

Payen. Voir *Clos-Payen.*

Payenne (rue), au Marais , div. de l'Indivisibilité , 8e. arr.

Peintres (cul-de-sac de la Porte-aux-) , rue St.-Denis, div. des Amis-de-la-Patrie , 6e. arr.

Pélican. Voir *Barrière-des-Sergens.*

Pelleterie (rue de la), St.-Barthelemi , div. de la Cité , 9e. arr.

Péniche. Voir *Pierre.*

Pepin. Voir *Arche.*

Pépinière (rue de la, et rue Neuve-de-la-), faubourg St.-Lazare , div. du Roule, 1er. arr.

Péquet (cul-de-sac), ou de Novion , rue des Blancs-Manteaux , div. de l'Homme-Armé , 7ᵉ. arr.

Percée (rue) , St.-Paul , div. de l'Arsenal , 9ᵉ. arr.

Percée (rue) , Hautefeuille , div. du Théâtre-Français , 11ᵉ. arr.

Perche (rue du) , au Marais , div. de l'Homme-Armé , 7ᵉ. arr.

Perdue (rue) , place Maubert , div. du Panthéon , 12ᵉ. arr.

Pères (rue Neuve-des-Petits-) , place des Victoires , div. du Mail , 3ᵉ. arr.

Pères (rue des Saints-) ; en entrant par le quai Voltaire , à droite , div. de la Fontaine-de-Grenelle , 10ᵉ. arr. ; à gauche , div. de l'Unité , 10ᵉ. arr.

Pères-de-la-Doctrine. Voir *Doctrine.*

Pères-de-l'Oratoire (rue des) , faubourg du Roule , div. des Champs-Elysées , 1ᵉʳ. arr.

Pères (passage des Petits-) , rue Neuve-des-Petits-Champs et rue des Victoires-Nationales , div. du Mail , 3ᵉ. arr.

Périgueux (rue de) , au Marais , div. du Temple , 6ᵉ. arr.

Perle (rue de la) , au Marais , div. de l'Indivisibilité , 8ᵉ. arr.

Pernelle (rue) , div. de la Fidélité , 9ᵉ. arr.

Perron-Egalité (passage du) , rue Neuve-des-Petits-Champs , div. de la Butte-des-Moulins , 2ᵉ. arr.

Péronelle. Voir *Corderie.*

Perpignan (rue de) , div. de la Cité , 9ᵉ. arr.

K

Perrin-Gasselin (rue); en entrant par la rue St.-Denis, à droite, div. des Marchés, 4e. arr.; à gauche, div. du Muséum, 4e. arr.

Perrine (rue Ste.), à Chaillot, div. des Champs-Elysées, 1er. arr.

Pet-au-Diable (rue du), Tixéranderie, div. de la Fidélité, 9e. arr.

Petaudière (rue de la), Voir *Frileu*.

Petit-Bac. Voir *Bac*, et ainsi de toutes les rues dont les noms commencent par *Petit*, *Petite* ou *Petits*.

Phelipeaux (rue), Temple, div. des Gravilliers, 6e. arr.

Philippe (rue St.-), div. de Bonne-Nouvelle, 5e. arr.

Philippe (rue St.-), enclos St.-Martin, div. des Gravilliers, 6e. arr.

Picpus (rue), faubourg St.-Antoine, div. des Quinze-Vingts, 8e. arr.

Pied-de-Bœuf (rue du), Apport-Paris, div. des Arcis, 7e. arr.

Pierre (rue St.-), à Chaillot, div. des Champs-Elysées, 1er. arr.

Pierre (rue St.-), ou Péniche, Montmartre, div. du Mail, 5e. arr.

Pierre (rue St.- et Petite-rue-St.-), fossés du Temple, div. de Popincourt, 8e. arr.

Pierre (rue Basse-St.-). Voir *Basse-St.*

Pierre (rue Neuve-St.- et cul-de-sac St.-), Minimes, div. de l'Indivisibilité, 8e. arr.

Pierre-Assis (rue), ou Quirassis, faubourg St.-Marcel, div. du Finistère, 12e. arr.

Pierre-aux-Bœufs (rue St.-), div. de la Cité, 9°. arr.

Pierre-Gourtin (cul-de-sac), rue Montmartre, div. du Mail, 3°. arr. -

Pierre-au-Lait. Voir *Savonnerie.*

Pierre-au-Lard (rue), St.-Martin, div. de la Réunion, 7°. arr.

Pierre-Levée (rue), faubourg du Temple, div. du Temple, 6°. arr.

Pierre-au-Poisson (rue) Apport-Paris, div. du Muséum, 4°. arr.

Pierre-Sarrazin (rue), Hautefeuille, div. du Théâtre-Français, 11°. arr.

Pigale (rue), ci-devant Royale, Montmartre, div. du Mont-Blanc, 2°. arr.

Piliers (rue des Grands-). Voir *Grands-Piliers.*

Piliers (rue des Petits-), ou de la Tonnellerie, div. de Bon-Conseil, 5°. arr.

Piliers-des-Halles (rue des), ou du Potier-d'Etain, div. des Marchés, 4°. arr.

Pincourt. Voir *Popincourt.*

Pinon (rue), boulevard Italien, div. du Mont-Blanc, 2°. arr.

Piques (rue des). Voir *de la Place-Vendôme.*

Pirouette (rue), ou Tirouane ; en entrant par la rue Mondétour, à droite, div. de Bon-Conseil, 5°. arr. ; à gauche, div. des Marchés, 4°. arr.

Pistolets (rue des Trois-), div. de l'Arsenal, 9°. arr.

Places.

Place d'Angoulême, boulevard du Temple, div. du Temple, 6e. arr.

— de la Porte-St.-Antoine ; à droite, de la rue St.-Antoine à celle des Fossés-St.-Antoine, div. de l'Arsenal, 9e. arr. ; de la rue des Fossés à la rue du Faubourg, div. des Quinze-Vingts, 8e. arr. ; à gauche, du boulevard à la rue du Faubourg-St.-Antoine, div. de Montreuil, 8e. arr.

— de l'Apport-Paris, div. du Muséum, 4e. arr.

— Ariane, ou du Puits-d'Amour, rues St.-Denis et de la Truanderie, div. de Bon-Conseil, 5e. arr.

— de l'Arsenal, div. de l'Arsenal, 9e. arr.

— des Barnabites. Voir *du Palais de justice.*

— de la Bastille. Voir *de la Liberté.*

— Baudoyer, ou Porte-Baudet, rue St.-Antoine, div. de la Fidélité, 9e. arr.

— Beauveau, faubourg St.-Honoré, div. du Roule, 1er. arr.

— St.-Benoît, Cloître-St.-Benoît, div. des Thermes, 11e. arr.

— St.-Bernard, ci-devant Porte-St.-Bernard, div. du Jardin-des-Plantes, 12e. arr.

— de la Butte-St.-Roch, ou Carrefour-des-Quatre-Cheminées, div. de la Butte-des-Moulins, 2e. arr.

— Cadet, haut de la rue Cadet, div. du Faubourg-Montmartre, 2e. arr.

— Cambray, St.-Jacques, div. du Panthéon, 12e. arr.

— du Carrouzel, ou de la Réunion, div. des Tuileries, 1er. arr.

— des Chats, entre les rues St.-Honoré, de la Lingerie et de la Ferronnerie, div. des Marchés, 4e. arr.

— Chalier. Voir *place Sorbonne*.

— du Chevalier-du-Guet, St.-Denis, div. du Muséum, 4e. arr.

— de la Cité, ci-devant du Parvis-Notre-Dame, div. de la Cité, 9e. arr.

— de la Concorde, ou de la Révolution, ci-devant Louis XV, par moitié, div. des Tuileries et des Champs-Elysées, 1er. arr.

— de Conti. Voir *de la Monnaie*.

— du Coq. Voir *de la Liberté*.

— du Corps Législatif, ci-devant du Palais-Bourbon, par moitié, div. de la Fontaine-de-Grenelle et des Invalides, 10e. arr.

— de la Croix-de-l'Hostie, ou du Champ-des-Capucins, div. du Finistère, 12e. arr.

— de la Croix-Rouge, faubourg St.-Germain ; en entrant par la rue du Four, à droite, div. de l'Unité, 10e. arr. ; à gauche, div. du Luxembourg, 11e. arr.

— Dauphine. Voir *place Thionville*.

— de l'Ecole, quai de ce nom, div. du Muséum, 4e. arr.

— de l'Ecole-de-Médecine, rue de ce nom, div. du Théâtre-Français, 11e. arr.

— Egalité. Voir *du Tribunat*.

— Egalité, enclos St.-Martin, div. des Gravilliers, 6e. arr.

— de l'Estrapade ; du côté du Panthéon, div. du Panthéon, 12e. arr. ; de l'autre côté, div. de l'Observatoire, 12e. arr.

— St.-Etienne-du-Mont, au haut de la Montagne, div. du Panthéon, 12e. arr.

— St.-Eustache, devant les rues du Four et du Jour, div. de la Halle-au-Blé, 4e. arr.

— St.-Florentin. Voir *de l'Orangerie.*

— Fourcy (petite place), au bout de la rue de ce nom, div. de l'Observatoire, 12e. arr.

— Froimanteau. Voir *du Muséum.*

— Gastine, entre les rues St.-Denis et de l'Aiguillerie, div. des Marchés, 4e. arr.

— Ste.-Geneviève, devant la nouvelle église, div. du Panthéon, 12e. arr.

— St. - Germain - l'Auxerrois, devant l'église, div. du Muséum, 4e. arr.

— Gloriette, ci-devant cul-de-sac, au bas du Petit-Pont, div. des Thermes, 11e. arr.

— de Grenelle, div. des Invalides, 10e. arr.

— de Grève. Voir *de la Maison-Commune.*

— de Henri IV. Voir du *Pont-Neuf.*

— de l'Indivisibilité, ou des Vosges, ci-devant Royale, div. de l'Indivisibilité, 8e. arr.

— des Innocens, à la Halle, div. des Marchés, 4e. arr.

— des Italiens, boulevard de ce nom, div. Lepelletier, 2e. arr.

— des Jacobins, faubourg St.-Germain, ou de St.-Thomas d'Aquin, div. de la Fontaine-de Grenelle, 10e. arr.

— des Jacobins , St.-Jacques , div. des Thermes , 11ᵉ. arr.

— St.-Jacques-de-la-Boucherie , div. des Lombards, 6ᵉ. arr.

— St.-Jean-en-Grève , div. de la Fidélité , 9ᵉ. arr.

— Jehan-Bonne-Fille , rue de la Tuerie , div. des Arcis , 7ᵉ. arr.

— St.-Landry , ou Carré-St.- , div. de la Cité , 9ᵉ. arr.

— du Légat , à la Halle , div. des Marchés , 4ᵉ. arr.

— de la liberté , ou de l'Oratoire , ou du Coq , près du Vieux-Louvre , derrière l'Oratoire , div. des Gardes-Franç. ises , 4ᵉ. arr.

— de la Liberté , ci-devant de la Bastille , sur les ruines de la Bastille , div. de l'Arsenal , 9ᵉ. arr.

— de Louis XV. Voir *de la Concorde.*

— du Louvre. Voir *du Muséum.*

— de la Nouvelle-Madeleine , à la porte St.-Honoré , div. de la Place-Vendôme , 1ᵉʳ. arr.

— du Mail , devant les Célestins , div. de l'Arsenal , 9ᵉ. arr.

— de la Maison-Commune , ci devant de Grève ; du quai Pelletier à la rue du Mouton , div. des Arcis , 7ᵉ. arr. ; de la rue du Mouton au Port-au-Blé , div. de la Fidélité , 9ᵉ. arr.

— du Manège , div. des Tuileries , 1ᵉʳ. arr.

— Ste.-Marguerite , div. de Montreuil , 8ᵉ. arr.

— Maubert , div. du Panthéon , 12ᵉ. arr.

— St.-Michel ; à gauche , en montant , div. des

Thermes , 11ᵉ. arr. ; à droite , div. du Théâtre-Français , 11ᵉ. arr.

— de la Monnaie , ci-devant Conti , div. de l'Unité , 10ᵉ. arr.

— du Muséum , ou Froimanteau , ou du Louvre , div. du Muséum , 4ᵉ. arr.

— de l'Odéon , div. du Théâtre-Français , 11ᵉ. arr.

— St.-Opportune , rue des Foureurs , div. des Marchés , 4ᵉ. arr.

— de l'Orangerie , ou St.-Florentin , div. des Tuileries , 1ᵉʳ. arr.

— de l'Oratoire. Voir *de la Liberté.*

— du Palais de justice , ou des Barnabites , div. de la Cité , 9ᵉ. arr.

— du Panthéon , div. du Panthéon , 12ᵉ. arr.

— du Parvis-Notre-Dame. Voir *Cité.*

— du Pilori , à la Halle , div. des Marchés , 4ᵉ. arr.

— du Pont-St.-Michel ; du côté de la rue du Hurepoix , div. du Théâtre-Français , 11ᵉ. arr. ; de l'autre côté , div. du Pont-Neuf , 11ᵉ. arr.

— du Pont-Neuf , ci-devant Henri IV , div. du Pont-Neuf , 11ᵉ. arr.

— du ci-devant Pont-Rouge , enclos de la Cité , div. de la Cité , 9ᵉ. arr.

— du Puits-d'Amour. Voir *Place Ariane.*

— des Quatre-Nations , quai de la Monnaie , div. de l'Unité , 10ᵉ. arr.

— de la Réunion. Voir *du Carrouzel.*

— de la Révolution. Voir *de la Concorde.*

— Royale. Voir *de l'Indivisibilité.*

— Sorbonne,

— Sorbonne, ou Chalier, div. des Thermes, 11ᵉ. arr.

— St.-Sulpice, div. du Luxembourg, 11ᵉ. arr.

— du Temple, rue du Temple ; du côté de l'enclos, div. du Temple, 6ᵉ. arr. ; de l'autre côté, div. des Gravilliers, 6ᵉ. arr.

— St.-Thomas-d'Aquin. Voir *des Jacobins.*

— du Tribunat, ci-devant Egalité, ou du Palais-Royal, div. des Tuileries, 1ᵉʳ. arr. ; le long du Palais, div. de la Butte-des-Moulins, 2ᵉ. arr.

— Thionville, ci-devant Dauphine, div. du Pont-Neuf, 11ᵉ. arr.

— des Trois-Maries, quai de l'Ecole, div. du Muséum, 4ᵉ. arr.

— des Ursins, div. de la Cité, 9ᵉ. arr.

— des Vannes, enclos St.-Martin, div. des Gravilliers, 6ᵉ. arr.

— aux Veaux, quai de la Tournelle, div. du Jardin-des-Plantes, 12ᵉ. arr.

— aux Veaux (vieille), div. des Arcis, 7ᵉ. arr.

— Vendôme ; en entrant par la rue St.-Honoré, à droite, div. de la Butte-des-Moulins, 2ᵉ. arr. ; à gauche, div. de la Place-Vendôme, 1ᵉʳ. arr.

— des Victoires Nationales ; de la rue Croix-des-Petits-Champs à la rue de la Feuillade, div. de la Halle-au-Blé, 4ᵉ. arr. ; tout le surplus, div. du Mail, 3ᵉ. arr.

— du Vieux-Louvre. Voir *du Muséum.*

— des Vosges. Voir *de l'Indivisibilité.*

Place-aux-Veaux (rue de la Vieille-). Voir *Veaux.*

Place-Vendôme (rue de la), ci-devant Louis-le-Grand , ou des Piques ; en entrant par la rue Neuve-des-Petits - Champs , à droite , div. Lepelletier , 2ᵉ. arr. ; à gauche, div. de la Place-Vendôme , 1ᵉʳ. arr.

Placide (rue Ste.-), de Sèves , div. de l'Ouest , 10ᵉ. arr.

Planche (rue de la), du Bac, div. de l'Ouest, 10ᵉ. arr.

Planche-Mibray (rue de la) , Pont-Notre-Dame , div. des Arcis , 7ᵉ. arr.

Planchette (rue de la). Voir *Chantiers.*

Planchette (cul-de-sac). Voir *St.-Martin.*

Plantes. Voir *Jardin-des-.*

Plat-d'Etain (rue du) , St.-Germain-l'Auxerrois, div. des Gardes-Françaises, 4ᵉ. arr.

Plâtre (rue du) , Ste.-Avoie, div. de l'Homme-Armé , 7ᵉ. arr.

Plâtre (rue du) , St.-Jacques , div. du Panthéon , 12ᵉ. arr,

Plâtrière. Voir *J.-J. Rousseau.*

Plumet (rue), ou Blomet , faubourg St.-Germain , div. de l'Ouest , 10ᵉ. arr.

Plumets (ruelle des). Voir *Port-St.-Gervais.*

Pochet (rue), Babylone, div. de l'Ouest , 10ᵉ. arr.

Pointe-St.-Eustache. Voir *Eustache.*

Poirées (rue des , et rue Neuve-des-), St.-Jacques, div. des Thermes , 11ᵉ. arr.

Poirées (rue du Marché-aux-). Voir *Marché-aux-.*

Poirier (rue du) , ou Baudoierie , Maubuée , div. de la Réunion , 7ᵉ. arr.

Poisson. Voir *Pierre-au-*.

Poissonnière (rue) ; en entrant par la rue des Petits-Carreaux , à droite , div. de Bonne-Nouvelle , 5ᵉ. arr. ; à gauche, div. de Brutus , 3ᵉ. arr.

Poissonnière (rue du Faubourg-) ; en entrant par le boulevard jusqu'à la rue Ste.-Anne, à droite , div. Poissonnière, 3ᵉ. arr. ; à gauche , div. du Faubourg-Montmartre , 2ᵉ. arr.

Poissonnière (Petite rue), div. de Bonne-Nouvelle , 5ᵉ. arr.

Poissons (ruelle des), place du Chevalier-du-Guet , div. du Muséum , 4ᵉ. arr.

Poitevins (rue des), Hautefeuille, div. du Théâtre-Français , 11ᵉ. arr.

Poitiers (rue de), faubourg St.-Germain , div. de la Fontaine-de-Grenelle , 10ᵉ. arr.

Poitiers (rue Neuve-de-) faubourg du Roule , div. des Champs-Elysées , 1ᵉʳ. arr.

Poitou (rue de), au Marais, div. de l'Homme-Armé , 7ᵉ. arr.

Poliveau (rue), ou Saussaies, Marché-aux-Chevaux, div. du Finistère , 12ᵉ. arr.

Pologne (rue de la), faisant suite à celle de l'Arcade ; de la rue St.-Nicolas à la rue St.-Lazare , à droite , div. de la Place-Vendôme, 1ᵉʳ. arr., à gauche, div. du Roule , 1ᵉʳ. arr.

Pompe (rue de la), à Chaillot, div. des Champs-Elysées , 1ᵉʳ. arr.

Pompe (cul-de-sac de la), rue de Bondi , div. de Bondi , 5ᵉ. arr.

L 2

Ponceau (rue du), St.-Denis , div. des Amis-de-
la-Patrie , 6ᶜ. arr.

Pont (rue du Petit), St.-Jacques ; en entrant par
le Petit-Pont, à partir du corps-de-garde , à droite,
jusqu'à la rue St.-Severin, div. des Thermes, 11ᵉ. arr. ;
à gauche, jusqu'à la rue Galande, div. du Panthéon ,
12ᵉ. arr.

Pont-aux-Biches (rue du). Voir *Biches.*

Pont-aux-Choux (rue du), boulevard , div. de l'Indivisibilité , 8ᵉ. arr.

Pont-de-Lody (rue du), Thionville , div. du Théâtre-Français , 11ᵉ. arr.

Pont-Rouge (carré du ci-devant). Voir *Place-du-.*

Ponts.

Pont-aux-Biches, rue Censier , faubourg St.-Marcel,
div. du Finistère , 12ᵉ. arr.

— de la Cité. Voir *Notre-Dame.*

— au Change , de la rue St.-Barthélemi à la rue de
la Joaillerie ; du côté du Pont-Neuf , div. du Muséum , 4ᵉ. arr. ; de l'autre côté , du quai Pelletier à
la moitié du pont , div. des Arcis , 7ᵉ. arr. ; l'autre
moitié du pont jusqu'à la rue de la Pelleterie ,
div. de la Cité , 9ᵉ. arr.

— St.-Charles, dans le grand Hospice-d'Humanité ,
div. de la Cité , 9ᵃ. arr.

— de la Concorde , ou de la Révolution , ou de la
Liberté , ci-devant de Louis XVI , de la place de
la Concorde au palais du Corps législatif ; div. des
Tuileries , 1ᵉʳ. arr.

— des Cygnes (petit), div. des 'nvalides, 10ᵉ. arr.

— aux Doubles, de la rue de la Bucherie à l'Archevêché ; la partie du côté de la rue de la Bucherie, div. du Panthéon, 12ᵉ. arr. ; l'autre partie, div. de la Cité, 9ᵉ. arr.

— de la Fraternité, remplaçant le Pont-Rouge, de l'île Notre-Dame à l'île de la Fraternité, commencé et fini en l'an 11 (1802) ; il sera, par moitié, des div de la Cité et de la Fraternité, 9ᵉ. arr.

— de Grammont, de l'île Louviers au quai des Célestins ; div. de l'Arsenal, 9ᵉ. arr.

— du Jardin-des-Plantes, du quai St.-Bernard à la rue des Fossés St.-Antoine, commencé en l'an 11 (1802) ; il sera, par moitié, des div. du Jardin-des-Plantes, 12ᵉ. arr., de l'Arsenal, 9ᵉ. arr., ou des Quinze-Vingts, 8ᵉ. arr.

— de la Liberté. Voir *de la Concorde.*

— Marie, de la rue des Deux-Ponts à la rue des Nonaindières ; div. de la Fraternité, 9ᵉ. arr.

— St.-Michel, de la place du Pont-St.-Michel à la rue de la Barillerie ; div. du Pont-Neuf, 11ᵉ. arr.

— du Muséum, ou du Louvre, ou des Arts, commencé en l'an 11 (1802), dans le bassin entre le Pont-Neuf et le pont des Tuileries ; il sera, par moitié, des div. du Muséum, 4ᵉ. arr., et de l'Unité, 10ᵉ. arr.

— National. Voir *des Tuileries.*

— Neuf, de la rue Thionville à la rue de la Monnaie ; de la rue de la Monnaie à la place du Pont-Neuf, div. du Muséum, 4ᵉ. arr. ; depuis et compris cette place jusqu'à la rue Thionville, div. du Pont-Neuf, 11e. arr.

— Notre-Dame, ou de la Raison, ou de la Cité, de la rue Planche-Mibray à la rue de la Lanterne ; depuis la rue de la Lanterne jusques et compris la Pompe, des deux côtés, div. de la Cité, 9e. arr. ; l'autre partie, div. des Arcis, 7e. arr.

— (Petit-), ci-devant du Petit-Châtelet, de la rue du Marché-Palu à la rue du Petit-Pont ; div. de la Cité, 9e. arr.

— de la Raison. Voir *Notre-Dame.*

— de la Révolution. Voir *de la Concorde.*

— Royal. Voir *des Tuileries.*

— Sourd (petit), rue de Chaillot, div. des Champs-Elysées, 1er. arr.

— des Tuileries, ou National, ci-devant Royal, de la rue du Bac aux Tuileries ; div. des Tuileries, 1er. arr.

— de la Tournelle, de la porte St.-Bernard à la rue des Deux-Ponts ; div. de la Fraternité, 9e. arr.

— aux Tripes (petit), rue Moufetard ; div. du Finistère, 12e. arr.

Ponthieu (rue Neuve-de-), faubourg du Roule, div. des Champs-Elysées, 1er. arr.

Ponts. Voir *Deux-Ponts.*

Popincourt (rue de), ou Pincourt, div. de Popincourt, 8e. arr.

Porcherons. Voir *Lazare.*

Port-l'Evêque (rue du), Parvis de la Cité, div. de la Cité, 9e. arr.

Pórt-Gervais (ruelle du Petit-), ou des Plumets ,
div. de la Fidélité , 9ᵉ. arr.

Port-au-Plâtre (rue du). Voir *Charbonniers.*

Ports.

Port-au-Blé , quai de la Grève , div. de la Fidélité , 9ᵉ. arr.

— au Foin , quai de la Tournelle , div. du Jardin-
des-Plantes , 12ᵉ. arr.

— aux Fruits , quai de la Tournelle , div. du Jardin-
des-Plantes , 12ᵉ. arr.

— de la Grenouillère , au bois , div. des Invalides ,
10ᵉ. arr.

— de l'Hôpital , au bois , div. du Finistère , 12ᵉ. arr.

— St.-Nicolas , quai du Muséum , div. des Tuileries ,
1ᵉʳ arr.

— St.-Paul , quai des Célestins , div. de l'Arsenal ,
9ᵉ. arr.

— à Maître Pierre , rue de la Bucherie , div. du
Panthéon , 12ᵉ. arr.

— aux Pierres , div. des Champs-Elysées , 1ᵉʳ. arr.

— au Plâtre , à la Râpée , div. des Quinze-Vingts ,
8ᵉ. arr.

— aux Tuiles , quai de la Tournelle , div. du Jardin-
des-Plantes , 12ᵉ. arr.

— au Vin , quais St.-Bernard et de la Tournelle ,
div. du Jardin-des-Plantes , 12ᵉ. arr.

Portes.

Porte St.-Antoine, entre la rue et le faubourg St.-Antoine ; en venant par la porte St.-Antoine, à droite, div. de l'Arsenal, 9e. arr. ; à gauche, div. de Popincourt, 8e. arr.

— Baudet. Voir *place Baudoyér.*

— St.-Bernard, entre le quai de la Tournelle et le quai St.-Bernard, div. du Jardin-des-Plantes, 12e. arr.

— St.-Denis, entre la rue et le faubourg St.-Denis ; à droite, div. du Nord, 5e. arr. ; à gauche, div. Poissonnière, 5e. arr.

— Dorée. Voir *Paon-Blanc.*

— St.-Honoré, entre la rue et le faubourg St.-Honoré ; en venant par la rue St.-Honoré, à droite, div. de la Place-Vendôme, 1er. arr. ; à gauche, div. des Tuileries et des Champs-Elysées, 1er. arr.

— St.-Jacques, entre la rue et le faubourg St.-Jacques ; en venant par la rue St.-Jacques, à droite, div. des Thermes, 11e. arr. ; à gauche, div. du Panthéon et de l'Observatoire, 12e. arr.

— St.-Martin, entre la rue et le faubourg St.-Martin ; à droite, div. de Bondi, 5e. arr. ; à gauche, div. du Nord, 5e. arr.

— Montmartre, entre la rue et le faubourg Montmartre ; à droite, div. de Brutus, 3e. arr., et du Faubourg-Montmartre, 2e. arr. ; à gauche, div. du Mail, 3e. arr., et du Mont-Blanc, 2e. arr.

— aux Peintres. Voir *Peintres.*

— du Temple, entre la rue et le faubourg du Temple; à droite, div. du Temple, 6ᵉ. arr.; à gauche, div. des Gravilliers, 6ᵉ. arr., et de Bondi, 5ᵉ. arr.

Porte-Foin (rue), au Marais, div. de l'Homme-Armé, 7ᵉ. arr.

Portes (rue des deux). Voir *Deux-Portes.*

Portes (rue des trois). Voir *Trois-Portes.*

Portes (rue des douze). Voir *Douze-Portes.*

Postes (rue des), faubourg St.-Jacques, div. de l'Observatoire, 12ᵉ. arr.

Pot-de-Fer (rue), Vaugirard, div. du Luxembourg, 11ᵉ. arr.

Pot-de-Fer (rue), St.-Jacques, div. de l'Observatoire, 12ᵉ. arr.

Potences (rue des), faubourg St.-Martin, div. du Nord, 5ᵉ. arr.

Poterie (rue de la), à la Halle, div. des Marchés, 4ᵉ. arr.

Poterie (rue de la), à la Grève, div. des Arcis, 7ᵉ. arr.

Poterie. Voir *Coupe-Gorge.*

Poterie (cul-de-sac de la), ou Salembrière, rue St.-Severin, div. des Thermes, 11ᵉ. arr.

Potiers-d'Etain. Voir *Piliers-des-Halles.*

Poules (rue des), ou des Châtaigniers, faubourg St.-Jacques, div. de l'Observatoire, 12ᵉ. arr.

Poulies (rue des), Louvre, div. des Gardes-Françaises, 4ᵉ. arr.

Poultier (rue), île de la Fraternité, div. de la Fraternité, 9ᵉ. arr.

Poupée (rue), Hautefeuille, div. du Théâtre-Français, 11ᵉ. arr.

Pourtour-St.-Gervais (rue du), div. de la Fidélité, 9ᵉ. arr.

Prêcheurs (rue des), St.-Denis, div. des Marchés, 4ᵉ. arr.

Prêcheurs (cul-de-sac). Voir *Brasserie.*

Prêtres-St.-Germain-l'Auxerrois (rue des), div. du Muséum, 4ᵉ. arr.

Prêtres (rue des), St.-Paul, div. de l'Arsenal, 9ᵉ. arr.

Prêtres (rue des), St.-Severin, div. des Thermes, 11ᵉ. arr.

Prêtres (rue des), St.-Etienne, div. du Panthéon, 12ᵉ. arr.

Prêtres-St.-Nicolas-des-Champs (cour et cul-de-sac des), enclos St.-Martin, div. des Gravilliers, 6ᵉ. arr.

Prêtret. Voir *Malboroug.*

Prieuré (rue du ci-devant Grand·), div. du Temple, 6ᵉ. arr.

Princesse. Voir *Justice.*

Procession (rue de la), Picpus, div. des Quinze-Vingts, 8ᵉ. arr.

Projetée (rue), dans la rue de la Pépinière, div. du Roule, 1ᵉʳ. arr.

Projetée (rue), dans la rue de la Place-Vendôme, div. Lepelletier, 2ᵉ. arr.

Prouvaires (rue des), St.-Eustache, div. du Contrat-Social, 3e. arr.

Provence (rue de), Montmartre, div. du Mont-Blanc, 2e. arr.

Provençaux (cul-de-sac des), rue de l'Arbre-Sec, div. du Muséum, 4e. arr.

Puits (rue du), à la Halle, div. des Marchés, 4e. arr.

Puits (rue du), Ste.-Avoie, div. de l'Homme-Armé, 7e. arr.

Puits (rue du Bon-, et cul-de-sac du Bon-). Voir *Bon-Puits.*

Puits-Certain (rue du). Voir *Hilaire.*

Puits-l'Hermite (rue du); en entrant par la rue Française, à droite, div. du Finistère, 12e. arr.; à gauche, div. du Jardin-des-Plantes, 12e. arr.

Puits-de-Rome. Voir *Rome.*

Puits-qui-Parle (rue du), ou des Rosiers, faubourg St.-Jacques, div. de l'Observatoire, 12e. arr.

Putigneux (cul-de-sac), rue Geoffroy-Lasnier; div. de la Fidélité, 9e. arr.

Purgée. Voir *Barrière-des-Sergens.*

Q

Quais.

Quai d'Alençon. Voir *de l'Union.*

— d'Anjou. Voir *de l'Union.*

— des Augustins, ou de la Vallée, div. du Théâtre-Français, 11e. arr.

— des Balcons Voir *de la Liberté.*

— St.-Bernard, faisant suite à celui de la Tournelle, div. du Jardin des-Plantes, 12e. arr.

— Bouaparte, entre la rue de Bourgogne et la rue du Bac, div. de la Fontaine-de-Grenelle, 10e. arr.

— des Bons-Hommes, faisant suite à celui de Chaillot, div. des Champs-Elysées, 1er. arr.

— Bourbon. Voir *de la République.*

— des Célestins, faisant suite à celui St.-Paul, div. de l'Arsenal, 9e. arr.

— de Chaillot, div. des Champs-Elysées, 1er. arr.

— Conti. Voir *Malaquay.*

— Dauphin. Voir *de la Liberté.*

— de l'Ecole, du Pont-Neuf à la rue du Petit-Muséum; div. du Muséum, 4e. arr.

— de l'Egalité, ci-devant d'Orléans, île de la Fraternité, div. de la Fraternité, 9e. arr.

— l'Evêque, le long du cours Egalité, ci-devant cours la Reine, div. des Champs-Elysées, 1er. arr.

— de la Ferraille. Voir *Mégisserie.*

— de Gèvres, entre le pont Notre-Dame et le Pont-au-Change, div. des Arcis, 7e. arr.

— de la Grenouillère. Voir *Dorsay.*

— de la Grève, ou Port-au-Blé, div. de la Fidélité, 9e. arr.

— de l'Horloge, ou du Nord, ou des Morts-Fondus, entre la rue St.-Barthélemi et la place du Pont-Neuf, div. du Pont-Neuf, 11e. arr.

— de la Liberté, ci-devant Dauphin, ou des Balcons, île de la Fraternité, div. de la Fraternité, 9e. arr.

— du Louvre, ou du Muséum; de la rue du Petit-Muséum au port St.-Nicolas, div. du Muséum, 4ᵉ. arr.; et du port St.-Nicolas au pont des Tuileries, div. des Tuileries, 1ᵉʳ. arr.

— Malaquay; ci-devant Conti, entre la rue de Seine et la rue des SS.-Pères, div. de l'Unité, 10ᵉ. arr.

— du Marché-Neuf, div. de la Cité, 9ᵉ. arr.

— de la Mégisserie ou de la Ferraille, entre la rue de la Monnaie et la cour du ci-dev. Grand-Chatelet, div. du Muséum, 4ᵉ. arr.

— des Miramiones. Voir *de la Tournelle.*

— de la Monnaie, ci-devant des Quatre-Nations, entre la rue Thionville et la rue de Seine, div. de l'Unité, 10ᵉ. arr.

— des Morts-Fondus. Voir *de l'Horloge.*

— du Muséum. Voir *du Louvre.*

— du Nord. Voir *de l'Horloge.*

— d'Orléans. Voir *de l'Egalité.*

— des Orfévres, ou du Midi, div. du Pont-Neuf, 11ᵉ. arr.

— des Ormes, entre la rue Geoffroy-Lasnier et celle de l'Etoile; de la rue Geoffroy-Lasnier à la rue des Nonaindières, div. de la Fidélité, 9ᵉ. arr.; de la rue des Nonaindières à celle de l'Etoile, div. de l'Arsenal, 9ᵉ. arr.

— d'Orsay, ou de la Grenouillère, entre la rue de Bourgogne et l'île des Cygnes, div. des Invalides, 10ᵉ. arr.

— St.-Paul, entre la rue de l'Etoile et la rue St.-Paul, div. de l'Arsenal, 9ᵉ. arr.

— Pelletier, entre la rue Planche-Mibray et place de la Maison-Commune, div. des Arcis 7e. arr.

— des Quatre-Nations. Voir *de la Monnaie*.

— de la République, ci-devant Bourbon, île de Fraternité, div. de la Fraternité, 9e. arr.

— Desaix, commencé en l'an 10, entre le Pont-au Change et le pont Notre-Dame, en face du quai Gèvres, div. de la Cité, 9e. arr.

— des Théatins. Voir *de Voltaire*.

— des Tuileries, le long du jardin des Tuilerie div. des Tuileries, 1er. arr.

— de la Tournelle, ci-devant des Miramione entre la rue des Bernardins et la porte St.-Bernar div. du Jardin-des-Plantes, 12e. arr.

— de l'Union, ci-devant d'Anjou ou d'Alençon; de la Fraternité, div. de la Fraternité, 9e. arr.

— de la Vallée. Voir *des Augustins*.

— de Voltaire, ci-devant des Théatins, entre la r des SS.-Pères et la rue du Bac, div. de la Fontain de-Grenelle, 10e. arr.

Quatre-Cheminées. Voir *Cheminées*.

Quatre-Fils (rue des), au Marais, div. de l'Homm Armé, 7e. arr.

Quatre-Mer (rue), faubourg du Roule, div. Roule, 1er. arr.

Quatre-Sols (rue des), faubourg St.-Martin, d du Nord, 5e. arr.

Quatre-Vents (rue, cul-de-sac et passage des), Tou non, div. du Luxembourg, 11e. arr.

Quenouilles (rue des) , St.-Germain-l'Auxerrois,
div. du Muséum , 4ᵉ. arr.

Quiberon (rue), ci-devant Montpensier, palais du
Tribunat, div. de la Butte-des-Moulins, 2ᵉ. arr.

Quincampoix (rue), div. des Lombards , 6ᵉ. arr.

Quinze-Vingts (rue et passage des) , St.-Honoré, div.
des Tuileries , 1ᵉʳ. arr.

Quirassis. Voir *Pierre-Assis.*

R

Racine (rue de) , place de l'Odéon, div. du Théâtre-
Français , 11ᵉ. arr.

Radsiwick (passage), rues des Bons-Enfans et du
Lycée , div. de la Butte-des-Moulins , 2ᵉ. arr.

Rambouillet (rue de), faubourg Charenton , div. des
Quinze-Vingts , 8ᵉ. arr.

Ramiers (rue des), faubourg du Roule, div. du
Roule , 1ᵉʳ. arr.

Rancy (rue de) , faubourg du Roule , div. du Roule ,
1ᵉʳ. arr.

Râpée (rue de la) , faubourg Charenton , div. des
Quinze-Vingts , 8ᵉ. arr.

Rats (rue des). Voir *Air.*

Rats (rue des). Voir *Chat-Blanc.*

Rats (rue des), place Maubert , div. du Panthéon ,
12ᵉ. arr.

Ravel (rue), Vaugirard , div. de l'Ouest, 10ᵉ. arr.

Réalle. Voir. *Jean-Gilles.*

Récollets (rue des), faubourg St.-Martin, div. Bondi, 5e. arr.

Recouvrance (rue Notre-Dame de), div. de Bonn Nouvelle, 5e. arr.

Regard (rue du), faubourg St.-Germain; en en trant par la rue du Cherche-Midi, à droite, di de l'Ouest, 10e. arr.; à gauche, div. du Luxen bourg, 11e. arr.

Regnard (rue de), place de l'Odéon, div. du Théâtre Français, 11e. arr.

Regratière (rue), île de la Fraternité, div. de Fraternité, 9e. arr.

Reims (rue de), montagne Ste.-Geneviève, div. d Panthéon, 12e. arr.

Reine-Blanche. Voir *Blanche.*

Reine-d'Hongrie. Voir *Egalité.*

Rempart (rue Basse-du-). Voir *Basse-du-.*

Rempart (rue du Chemin-du-). Voir *Chemin-du-.*

Rempart (rue du) St.-Honoré, ou Champin, div. d la Butte-des-Moulins, 2e. arr.

Renard (rue du), St.-Denis, div. de Bon-Conseil 5e. arr.

Renard (rue du), St.-Merry, div. de la Réunion 7e. arr.

Renaud-Lefèvre (rue), place Baudoyer, div. de Droits-de-l'Homme, 7e. arr.

Reposoir (rue du Petit-), place des Victoires, div du Mail, 3e. arr.

Reuilly (rue et Vieille-rue-de-), faubourg St.-Antoine div. des Quinze-Vingts, 8e. arr.

Reuilly (Petite-rue-de-), ou Mongallet, div. des Quinze-Vingts, 8e. arr.

Réunion (rue et passage de la), ci-devant Montmorenci, div. de la Réunion, 7e. arr.

Réunion (Champ de la). Voir *Mars*.

Révolution. Voir *Concorde*.

Riboutet (rue), faubourg Poissonnière, div. du Faubourg-Montmartre, 2e. arr.

Richelieu (rue de). Voir *Loi*.

Richelieu (Petite-rue-, ou rue Neuve-de-), place Sorbonne, div. des Thermes, 11e. arr.

Richer (rue), faubourg Montmartre, div. du Faubourg-Montmartre, 2e. arr.

Rivaux (ruelle à), à Chaillot, div. des Champs-Elysées, 1er. arr.

Robert. Voir *Jean-Robert*.

Roch (rue Neuve-, cul-de-sac et passage St-), div. de la Butte-des-Moulins, 2e. arr.

Roch (Petite-rue-St.-), Poissonnière, div. de Brutus, 3e. arr.

Rochechouart (rue), faubourg Montmartre, div. du Faubourg-Montmartre, 2e. arr.

Rochefoucault (rue de la), St.-Lazare, div. du Mont-Blanc, 2e. arr.

Rocher (rue du), à la Pologne, div. du Roule, 1er. arr.

Rohan. Voir *Marceau*.

Roi-Doré. Voir *Dorée*.

Roi-de-Sicile. Voir *Droits-de-l'Homme*.

M

Rolin-prend-gages (cul-de-sac), rue des Lavandières , div. des Gardes-Françaises, 4e. arr.

Romain (rue St.-) , Sèves, div. de l'Ouest, 10e. arr.

Rome (rue, cul-de-sac du Puits-de- et passage de la Cour-de-), rue Aumaire, div. des Gravilliers, 6e. arr.

Roquépine (rue), faubourg du Roule, div. du Roule, 1er. arr.

Roquette (cul-de-sac de la), div. de Popincourt, 8e. arr.

Roquette (rue de la), de la porte St.-Antoine à la rue de Lappe, div. de Montreuil, 8e. arr. ; de la rue de Lappe jusqu'au haut, div. de Popincourt, 8e. arr.

Roquette (rue des Murs-de-la-), div. de Popincourt, 8e. arr.

Rosiers (rue des), au Marais, div. des Droits-de-l'Homme, 7e. arr.

Rosiers (rue des), faubourg St.-Germain, div. de la Fontaine-de-Grenelle, 10e. arr.

Rosiers (rue des). Voir *Puits-qui-Parle.*

Rouen (cour, passage et cul-de-sac de), St.-André-des Arts, div. du Théâtre-Français, 11e. arr.

Roule (rue du), St.-Honoré, div. des Gardes-Françaises, 4e. arr.

Roule (rue du Faubourg-du-). Voir *Honoré.*

Roulette (rue de la); en montant jusqu'à la barrière de Menilmontant, à droite, div. de Popincourt, 8e. arr. ; à gauche, div. du Temple, 6e. arr.

Rousseau. Voir *Jean-Jacques.*

Rousselet. Voir *Malignon.*

Rousselet (rue), ou Rondelet, ou des Vaches, Sèves,
div. de l'Ouest, 10ᵉ. arr.

Royale (rue), enclos St.-Martin, div. des Gravilliers, 6ᵉ. arr.

Royale (rue). Voir *Concorde.*

Royale (rue). Voir *Indivisibilité.*

Royale (rue). Voir *des Moulins.*

Royale (rue). Voir *Pigale.*

S

Sabin (rue), faub. St.-Antoine, d. de Montreuil, 8ᵉ. arr.

Sabot (rue du), Taranne, div. de l'Unité, 10ᵉ. arr.

Saintonge (rue), au Marais, div. du Temple,
6ᵃ. arr.

Saints-Pères. Voir *Pères.*

Salembrière (cul-de-sac). Voir *Poterie.*

Salle-au-Comte (rue), Saint-Denis, div. des Lombards, 6ᵉ. arr.

Samson (rue), faubourg St.-Martin, div. de Bondi,
5ᵉ. arr.

Sandrier (passage), rues Basse-du-Rempart et
Neuve-des-Mathurins, div. de la Place-Vendôme,
1ᵉʳ. arr.

Sansonnets (rue des), Val-de-Grâce, div. de l'Observatoire, 12ᵉ. arr.

Santé (rue de la), faubourg St.-Jacques, div. de
l'Observatoire, 12ᵉ. arr.

Sarrazin. Voir *Pierre-Sarrazin.*

Sartine (rue de), div. de la Halle-au-Blé, 4ᵉ. arr.

Sartine (rue de), place aux Veaux, div. du Jardin-des-Plantes, 12ᵉ. arr.

Saumon (passage du), rues Montmartre et Montorgueil, div. de Brutus, 5ᵉ. arr.

Saussaies. Voir *Poliveau.*

Saussaies (rue des), faubourg St.-Honoré, div. du Roule, 1ᵉʳ. arr.

Savonnerie (rue de la), ou Pierre-au-Lait, div. des Lombards, 6ᵉ. arr.

Sauveur (rue St.-), St.-Denis, div. de Bon-Conseil, 5ᵉ. arr.

Sauveur (rue Neuve-St.-) ; Petits-Carreaux, div. de Bonne-Nouvelle, 5ᵉ. arr.

Savaterie. Voir *Eloi.*

Savoie (rue de), St.-André-des-Arts, div. du Théâtre-Français, 11ᵉ. arr.

Scipion (rue de), ou de la Barre, faubourg St.-Marcel, div. du Finistère, 12ᵉ. arr.

Sébastien (rue et cul-de-sac St.-), boulevard, div. de Popincourt, 8ᵉ. arr.

Seine (rue de), faubourg St.-Germain ; div. de l'Unité, 10ᵉ. arr.

Seine (rue de), St.-Victor, div. du Jardin-des-Plantes, 12ᵉ. arr.

Sentier (rue du), boulevard Montmartre, div. de Brutus, 5ᵉ. arr.

Sept-Voyes (rue des), montagne Ste.-Geneviève, div. du Panthéon, 12ᵉ. arr.

Sépulcre (rue du), faubourg St.-Germain, div. de l'Unité, 10°. arr.

Sépulcre. Voir *Batave.*

Sergents. Voir *Barrière-des-.*

Serpente (rue), Hautefeuille , div. du Théâtre-Français , 11°. arr.

Severin (rue St.-), St.-Jacques, div. des Thermes , 11°. arr.

Sèves (rue de) ; de la Croix-Rouge , à gauche , jusqu'à la barrière , et à droite jusqu'au boulevard , div. de l'Ouest , 10°. arr. ; à droite , du boulevard à la barrière , div. des Invalides , 10°. arr.

Simon-le-Franc (rue), St.-Martin , div. de la Réunion , 7°. arr.

Singes (rue des), au Marais, div. de l'Homme-Armé , 7°. arr.

Sion (rue de), Ecole-Militaire, div. des Invalides , 10°. arr.

Soleil-d'Or (passage du). Voir *Grésillons.*

Soly (rue), Jussienne , div. du Mail, 3°. arr.

Sonnerie (rue de la), ou de la Saumerie ou Sonnière, St.-Germain-l'Auxerrois, div. du Muséum , 4°. arr.

Sorbonne (rue de), St.-Jacques , div. des Thermes , 11°. arr.

Soubise (hôtel et passage de l'hôtel), rues Vieille du-Temple, de Paradis et du Chaume, div. de l'Homme-Armé, 7°. arr.

Sourdière (rue de la), St.-Roch , div. de la Butte-des Moulins , 2°. arr.

Sourdis (cul-de-sac). Voir *Court-Bâton.*

Spire (rue), Filles-Dieu, div. de Bonne-Nouvelle, 5e. arr.

Sulpice (rue St.-), ci-devant du Petit - Bourbon , Tournon , div. du Luxembourg , 11e. arr.

Surêne (rue de); de la rue du Chemin-du-Rempart à la rue de la Madeleine, div. de la Place-Vendôme, 1er. arr. ; le surplus , div. du Roule, 1er. arr.

Surêne (cul-de-sac), faubourg St.-Honoré, div. du Roule , 1er. arr.

Symphorien (rue St.-). Voir *Cholets*.

T

TABLETTERIE (rue de la), St.-Opportune , div. des Marchés , 4e. arr.

Tacherie (rue de la), près de la Grève, div. des Arcis , 7e. arr.

Tacherie (cul-de-sac de la Petite-). Voir *Benoît*.

Taillepain (rue ou cul-de-sac), cloître St.-Merry, div. de la Réunion , 7e. arr.

Taitbout (rue), boulevard Italien, div. du Mont-Blanc, 2e. arr.

Taitbout (ancien cul-de-sac). Voir *Helder*.

Tannerie (rue de la), ou de l'Ecorcherie, Grève, div. des Arcis, 7e. arr.

Tannerie (passage de la Vieille-), div. des Arcis, 7e. arr.

Taranne (rue et petite rue), faubourg St.-Germain, div. de l'Unité, 10e. arr.

Teinturiers (ruelle des), ou de Navarre, rue de la Vannerie, div. des Arcis, 7e. arr.

Temple (maison et jardin du, enclos et passage du),
div. du Temple , 6°. arr.

Temple (rue du); en entrant par le boulevard , à
droite, jusqu'à la rue Chapon , div. des Gravilliers,
6e. arr. , et de la rue Chapon à celle Ste.-Avoie,
div. de la Réunion , 7°. arr. ; à gauche, jusqu'à la
rue de la Corderie , div. du Temple , 6e. arr. , et
de la rue de la Corderie à celle Ste.-Avoie , div.
de l'Homme-Armé , 7e. arr.

Temple (rue Vieille-du-); en entrant par la rue St.-
Antoine , à droite, jusqu'à celle des Francs-Bourgeois; et à gauche , jusqu'à la rue Ste.-Croix-de-
la-Bretonnerie , div. des Droits-de-l'Homme , 7°.
arr. ; de la rue Ste.-Croix-de-la-Bretonnerie à celle
de Bretagne , à gauche, div. de l'Homme-Armé,
7e. arr. ; et de la rue des Francs-Bourgeois à celle
des Filles-du-Calvaire , div. de l'Indivisibilité,
8e. arr.

Temple (rue du Faubourg-du-) ; en montant, à
droite , div. du Temple , 6e. arr. ; à gauche, div.
de Bondi , 5e. arr.

Temple (rue des Fossés-du-). Voir *Fossés-du-*.

Tems-Perdu. Voir *Joseph*.

Terrein du ci-devant Chapitre-Notre-Dame , enclos
de la Cité , div. de la Cité , 9e. **arr.**

Terres-Fortes. Voir *Fumier*.

Tête. Voir *Grosse-Tête*.

Théâtre-Français (rue du), ou de l'Odéon , div. du
Théâtre-Français , 11e. arr.

Thérèse (rue), Butte-St.-Roch , div. de la Butte-
des-Moulins , 2e. arr.

Thévenot (rue), ou de la Corderie ; en entrant par la rue St.-Denis , à droite , div. de Bonne-Nouvelle . 5ᵉ. arr. ; à gauche , div. de Bon-Conseil , 5ᵉ. arr.

Thévenot (cul-de-sac). Voir *Corderie.*

Thibautodé (rue), St.-Germain-l'Auxerrois , div. du Muséum ; 4ᵉ. arr.

Thionville (rue), ci-devant Dauphine ; en entrant par le Pont-Neuf , à droite, div. de l'Unité, 10ᵉ. arr. ; à gauche, div. du Théâtre-Français , 11ᵉ. arr.

Thiroux (rue), chaussée d'Antin , div. de la Place-Vendôme , 1ᵉʳ. arr.

Thomas (rue St.-), d'Enfer, div. des Thermes , 11ᵉ. arr.

Thomas-d'Aquin (passage St.-). Voir *Jacobins.*

Thomas-du-Louvre (rue St.- et cul-de-sac St.-), div. des Tuileries , 1ᵉʳ. arr.

Thomas (rue des Filles-St.-). Voir *Filles-St.-*

Thorigny (rue de), au Marais , div. de l'Indivisibilité , 8ᵉ. arr.

Tuileries (palais et jardin des) , div. des Tuileries, 1ᵉʳ. arr.

Tuileries (rue des Vieilles-), faubourg St.-Germain , div. de l'Ouest , 10ᵉ. arr.

Tiquetone (rue), Montorgueil , div. du Contrat-Social , 3ᵉ. arr.

Tire-Boudin (rue), Montorgueil, div. de Bon-Conseil , 5ᵉ. arr.

Tire-Chape (rue), Béthisy , div. des Gardes-Françaises ; 4ᵉ. arr.

Tiron

Tiron (rue), St.-Antoine, div. des Droits-de-l'Homme , 7ᵉ. arr.

Tirouane. Voir *Pirouette*.

Tison. Voir *Jean-Tison*.

Tixéranderie (rue de la) ; à droite , de la place Baudoyer à la rue du Coq , div. des Droits-de-l'Homme , 7ᵉ. arr. ; de la rue du Coq à celle Jean Pain-Mollet , et de la rue du Mouton à celle St.-Jean-de-l'Epine , div. des Arcis , 7ᵉ. arr. ; à gauche , de la place Baudoyer à la rue du Mouton , div. de la Fidélité , 9ᵉ. arr.

Tondeur (cul-de-sac du) , rue de Seine-St.-Victor , div. du Jardin-des-Plantes ; 12ᵉ. arr.

Tonnellerie (rue de la). Voir *Piliers*.

Toulouse. Voir *Vrillière*.

Tour (rue de la) , Fossés-du-Temple , div. du Temple , 6ᵉ. arr.

Tour-d'Auvergne (rue de la) , au bas de Montmartre , div. du Faubourg-Montmartre , 2ᵉ. arr.

Tour-des-Dames (rue de la) , St.-Lazare , div. du Mont-Blanc , 2ᵉ. arr.

Touraine (rue de) , au Marais , div. de l'Homme-Armé ; 7ᵉ. arr.

Touraine (rue de) , ou de Turenne , div. du Théâtre-Français , 11ᵉ. arr.

Tournelle (rue de la) , place Maubert , div. du Panthéon , 12ᵉ. arr.

Tournelles (rue des) , porte St.-Antoine , div. de l'Indivisibilité , 8ᵉ. arr.

Tourniquet (ruelle du) , à Chaillot , div. des Champs-Elysées , 1ᵉʳ. arr.

Tourniquet-St.-Jean (passage du), div. de la Fidélité , 9e. arr.

Tournon (rue de) , div. du Luxembourg , 11e. arr.

Tracy (rue de) , ou Longue-Allée , St.-Denis , div.
des Amis-de-la-Patrie , 6e. arr.

Traînée (rue) , St.-Eustache, div. du Contrat-Social,
3e. arr.

Transnonain (rue) ; de la rue Beaubourg à celle
du Cimetière - St. - Nicolas , div. de la Réunion ,
7e. arr. ; de la rue du Cimetière à la rue Aumaire ,
div. des Gravilliers , 6e. arr.

Traverse (rue) , faubourg St.-Germain , div. de
l'Ouest , 10e. arr.

Traverse (rue), St.-Thomas-du-Louvre , div. des
Tuileries , 1er. arr.

Traversière (rue), St.-Honoré , div. de la Butte-
des-Moulins , 2e. arr.

Traversière (rue), faubourg St.-Antoine, div. des
Quinze-Vingts , 8e. arr.

Traversine (rue) ; en entrant par la Montagne-Ste.-
Geneviève , à droite , jusqu'à la rue d'Arras , et
à gauche , jusqu'à celle St.-Nicolas-du-Chardonet,
div. du Panthéon , 12e. arr. ; à gauche , de la rue
St.-Nicolas-du-Chardonnet à celle d'Arras , div. du
Jardin-des-Plantes , 12e. arr.

Treille (cul-de-sac de la) , Cloître St.-Germain-
l'Auxerrois , div. du Muséum , 4e. arr.

Treille (passage de la) , rue des Boucheries-St.-
Germain , div. du Luxembourg , 11e. arr.

Tribunat (palais et jardin du) , ci-devant Egalité

et ci-devant Royal , div. de la Butte-des-Moulins, 2ᵉ. arr.

l'Tricot (passage de la cour), rue **Montmartre** , div. du Mail , 5ᵉ. arr.

l'**Trinité** (enclos et passage de la), rue St. - Denis, div. des Amis-de-la-Patrie , 6ᵉ. arr.

l'Tripelet (rue), ou Triperet, faubourg St.-Marcel, div. du Jardin-des-Plantes , 12ᵉ. arr.

l'Triperie (rue de la), Apport-Paris, div. du Muséum , 4ᵉ. arr.

l'Trognon (rue) , St. - Denis, div. des Lombards , 6ᵉ. arr.

l'Trois-Bouteilles. Voir *Bouteilles* , et ainsi de toutes les rues dont le nom commence par *Trois*.

l'Trône (rue du). Voir *Denis*.

l'Trouse-Vache (rue) , St.-Denis, div. des Lombards, 6ᵉ. arr.

l'Trouvée (rue), faubourg St.-Antoine , div. des Quinze-Vingts , 8ᵉ. arr.

l'Trouvée (rue), Halle-aux-Veaux, div. du Jardin-des-Plantes , 12ᵉ. arr.

l'Trovaquidure (rue), St.-Germain-l'Auxerrois , div. du Muséum , 4ᵉ. arr.

l'Truanderie (rue de la Grande- , et rue de la Petite), St.-Denis, div. de Bon-Conseil , 5ᵉ. arr.

l'Trudon (rue de), ou Trudaine , Chaussée-d'Antin , div. de la Place-Vendôme , 1ʳᵉ. arr.

l'Tuerie (rue de la), div. des Arcis , 7ᵉ. arr.

l'Turenne. Voir *Touraine*.

l'Turenne (rue de), ci-devant St.-Louis, au Marais, div. de l'Indivisibilité , 8ᵉ. arr.

N 2

U

UNION. Voir *Berry*.

Union (rue de l'), ci-devant d'Angoulême, faubourg du Roule, div. des Champs-Elysées, 1er. arr.

Université (rue de l'), faubourg St.-Germain ; de la rue Jacob à la place du Corps législatif, div. de la Fontaine-de-Grenelle, 10e. arr.; de la place du Corps législatif à l'île des Cygnes, div. des Invalides, 10e. arr.

Ursins (rue Haute-des-, rue Basse-des-, rue du Milieu-des-), div. de la Cité, 9e. arr.

Ursulines (cul-de-sac). Voir *Paradis*.

V

Vaches. Voir *Rousselet*.

Vallée de Fécamp (rue de la), faubourg Charenton, div. des Quinze-Vingts, 8e. arr.

Valois. Voir *Batave*.

Valois. Voir *Cisalpine*.

Valois. Voir *Lycée*.

Vanne (rue de), div. de la Halle-au-Blé, 4e. arr.

Vanne (rue de), enclos St.-Martin, div. des Gravilliers, 6e. arr.

Vannerie (rue de la), à la Grève, div. des Arcis, 7e. arr.

Varenne (rue de), faubourg St.-Germain ; de la rue du Bac à la rue de Bourgogne, à droite, et de la rue du Bac jusqu'au boulevard, à gauche, div. de l'Ouest, 10e. arr.; de la rue de Bourgogne jusqu'au boulevard, à droite, div. des Invalides, 10e. arr.

Vaugirard (rue de), à gauche, de la rue des Francs-Bourgeois à la barrière, div. du Luxembourg, 11e. arr; à droite, de la rue de la Liberté, ou Fossés-M. le-Prince à la rue Egalité, ou de Condé, div. du Théâtre-Français, 11e. arr. ; de la rue Egalité à celle du Regard, div. du Luxembourg, 11e. arr. ; de la rue du Regard à la barrière, div. de l'Ouest, 10e. arr.

Vaugirard (rue du Petit-), nouveaux boulevards, div. de l'Ouest, 10e. arr.

Vaujours. Voir *Anjou.*

Waux-Hall-d'Eté (rue du), boulevard du Temple, div. de Bondi, 5e. arr.

Veaux (rue de la Vieille-Place-aux-), div. des Arcis, 7e. arr.

Vendôme. Voir *Place-.*

Vendôme (rue de), au Marais, div. du Temple, 6e. arr.

Venise (rue de), Quincampoix, div. des Lombards, 6e. arr.

Venise (cul-de-sac). Voir *Batave.*

Ventadour (rue), butte St.-Roch, div. de la Butte-des-Moulins, 2e. arr.

Vents. Voir *Quatre-Vents.*

Verbois (rue du), St.-Martin, div. des Gravilliers, 6e. arr.

Verdelet (rue), place des Victoires, div. du Contrat-social, 5e. arr.

Verderet (rue), ou Merderet, Bon-Conseil, div. de Bon-Conseil, 5e. arr.

Verneuil (rue de), faubourg St.-Germain, div. de la Fontaine-de-Grenelle, 10e. arr.

Verrerie (rue de la) ; en entrant par la rue St.-Martin, à gauche, jusqu'à la rue Bar-du-Béc, div. de la Réunion, 7e. arr. ; à droite, jusqu'à la rue du Coq, div. des Arcis, 7e. arr. ; des rues Bar-du-Bec et du Coq au marché des Droits-de-l'Homme, div. des Droits-de-l'Homme, 7e. arr.

Versailles (rue de), St.-Victor, div. du Jardin-des-Plantes, 12e. arr.

Versailles (cul-de-sac de), div. du Panthéon, 12e. arr.

Vert-Buisson (rue du), au Champ-de-Mars, div. des Invalides, 10e. arr.

Verte (rue, et petite rue), faubourg St.-Honoré, div. du Roule, 1er. arr.

Vertus (rue des), Phelipeaux, div. des Gravilliers, 6e. arr.

Vezelay (rue), Pépinière, div. du Roule, 1er. arr.

Viarme (rue de), div. de la Halle-au-Blé, 4e. arr.

Victoire (rue de la), ci-devant Chantereine, div. du Mont-Blanc, 2e. arr.

Victoires-Nationales (rue des), ci-devant Notre-Dame-des-Victoires ; de la rue du Mail à celle Montmartre, à droite ; et du passage des Petits-Pères à la rue des Filles-St.-Thomas, à gauche, du Mail, 3e. arr. ; de la rue des Filles-St.-

Thomas à celle Montmartre, à gauche, div. Lepelletier, 2ᵉ. arr.

Victor (rue St.-); en entrant par la place Maubert,
jusqu'aux rues des Bernardins et St.-Nicolas-du-
Chardonet, div. du Panthéon, 12ᵉ. arr.; de ces
deux rues, aux rues de Seine et Copeau, div. du
Jardin-des-Plantes, 12ᵉ. arr.

Vieille-Bouclerie. Voir *Bouclerie*, et ainsi de toutes
les rues dont le nom commence par *Vieille* ou
Vieilles.

Vierge (rue de la), au Gros-Caillou, div. des Invalides, 10ᵉ. arr.

Vieux-Augustins. Voir *Augustins*.

Vieux-Colombier. Voir *Colombier*.

Vigan (passage du), rues des Vieux-Augustins et des
Fossés-Montmartre, div. du Mail, 3ᵉ. **arr.**

Vignes (ruelle des), à Chaillot, div. des Champs-
Elysées, 1ᵉʳ. arr.

Vignes (cul-de-sac des), rue des Postes, div. de
l'Observatoire, 12ᵉ. arr.

Villedot (rue), butte St.-Roch, div. de la Butte-des-
Moulins, 2ᵉ. arr.

Ville-l'Evêque (rue de la), faubourg St.-Honoré, div.
du Roule, 1ᵉʳ. arr.

Villiers. Voir *Courcelles*.

Vinaigriers (ruelle des), faubourg St.-Martin, div. de
Bondi, 5ᵉ. arr.

Virginie (passage), rue St.-Honoré, div. de la
Butte-des-Moulins, 2ᵉ. arr.

Visages (cul-de-sac des Trois-), rue Thibautodé, div.
du Muséum, 4ᵉ. arr.

Vivans (rue des, et passage des), ci-devant de la cour du Maur , rue Beaubourg , div. de la Réunion , 7ᵉ. arr.

Vivienne (rue); en entrant par la rue Neuve-des-Petits-Champs, à droite, div. du Mail, 3ᵉ. arr. ; à gauche, div. Lepelletier, 2ᵉ. arr.

Voie-Creuse (rue de la), faubourg St.-Marcel, div. du Finistère , 12ᵉ. arr.

Voltaire (rue de), place de l'Odéon, div. du Théâtre-Français, 11ᵉ. arr.

Voierie (rue de la), à la Pologne , div. du Roule, 1ᵉʳ. arr.

Voierie (rue de la), faubourg St.-Martin, div. du Nord, 5ᵉ. arr.

Voyes. Voir *Sept-Voyes.*

Vrillière (rue de la et petite rue de la), place des Victoires , div. de la Halle-au-Blé , 4ᵉ. arr.

Vide - Gousset (place des Victoires), div. du Mail, 3ᵉ. arr.

Y

Yvrogne. Voir *Ivrogne.*

Z

Zacharie (rue), St. - Severin, div. des Thermes , 11ᵉ. arr.

NOUVELLES BARRIÈRES,

En suivant le tour de Paris, depuis la Barrière de Versailles au bas de Passy, jusqu'à celle de la Cunette, sur le bord de l'eau, en face de Passy.

NORD.

Division des Champs-Elysées.

1re. Barrière, de *Versailles*, ou des Bons-Hommes, ou de Passy, au bout du quai de Chaillot.

2e. *Ste.-Marie*, au bout de la rue des Batailles, à Chaillot.

3e. De *Long-Champ*, au bout de la rue de Long-Champ, à Chaillot.

4e. De *la Pompe*, ou des Réservoirs, à Chaillot.

5e. De *l'Etoile*, ou de Neuilly, au bout de la grande avenue des Champs-Elysées.

Division du Roule.

6e. Du *Roule*, au bout de la rue du Faubourg-du-Roule, par moitié, div. des Champs-Elysées et du Roule.

7e. De *Courcelle*, au bout de la rue de Mantoue, près de Mousseaux.

8e. De *Chartres*, dans le parc de Mousseaux.

9e. De *Mousseaux*, ou de la Pologne, au bout de la rue du Rocher.

Division du Mont-Blanc.

10e. De *Clichy*, au bout de la rue de ce nom, par moitié, div. du Roule et du Mont-Blanc.

11e. *Blanche*, au bout de la rue Blanche.

12e. *Ci-devant Royale*, au bout des rues Pigale et de la Rochefoucault.

Division du Faubourg-Montmartre.

13e. Des *Martyrs*, ou de Montmartre, au bout de la rue des Martyrs, par moitié, div. du Mont-Blanc et du Faubourg-Montmartre.

14e. *Cadet*, ou Rochechouart, au bout de la rue Rochechouart.

Division Poissonnière.

15e. *Poissonnière*, ou Ste.-Anne, ou de la Nouvelle-France, au bout du faubourg Poissonnière, par moitié, div. du Faubourg-Montmartre et Poissonnière.

16e. *St.-Denis*, au bout du faubourg St.-Denis.

Division du Nord.

17e. Des *Vertus*, au bout de la rue Château-Landon, sur le chemin d'Aubervilliers.

18e. *St.-Martin*, ou de la Villette, au bout du faubourg St.-Martin, route du Bourget, par moitié, div. du Nord et de Bondi.

Division de Bondi.

19e. De *Pantin*, sur le chemin de Bondi.

20e. De l'*Hôpital St.-Louis*, au bout de la rue de ce nom.

21e. De la *Chopinette*, au bout de la rue du Buisson-St.-Louis, sur le chemin de la Chopinette.

22e. Des *Deux-Moulins*, ou de Ryom, au bout de la rue des Deux-Moulins.

Division du Temple.

23e. De *Belleville*, ou de la Courtille, au bout de la rue du Faubourg-du-Temple, sur le chemin des Prés-St.-Gervais, par moitié, div. de Bondi et du Temple.

24e. Des *Trois-Couronnes*, au bout de la rue de ce nom.

25ᵉ. De *Ménilmontant*, au bout de la rue de la Roulette, chemin de Ménilmontant, par moitié, div. du Temple et de Popincourt.

Division de Popincourt.

26ᵉ. Des *Amandiers*, au bout de la rue de ce nom.

27ᵒ. De la *Folie-Regnault*, ou St.-André, au bout de la rue St.-André, faubourg de la Roquette.

28ᵉ. Des *Rats*, au bout de la rue des Rats, ou de l'Air.

Division de Montreuil.

29ᵉ. De *Charonne*, ou de Fontarabie, au bout de la rue de Charonne, par moitié, div. de Popincourt et de Montreuil.

30ᵒ. De *Montreuil*, au bout de la rue de ce nom.

31ᵉ. De *Vincennes*, ci-devant du Trône, au bout de la grande rue du Faubourg-St.-Antoine, par moitié, div. de Montreuil et des Quinze-Vingts.

Division des Quinze-Vingts.

32ᵒ. De *St.-Mandé*, au milieu de l'avenue de ce nom.

33ᵉ. De *Picpus*, au bout de la rue de ce nom.

34ᵉ. De *Reuilly*, au bout de la grande rue de Reuilly.

35ᵉ. De *Charenton*, au bout de la grande rue de Charenton.

36ᵉ. De *Bercy*, ou des Poules, au milieu de la rue de Bercy.

37ᵉ. De la *Râpée*, sur le bord de l'eau.

M I D I.

Division du Finistère.

38ᵉ. De la *Garre*, sur le bord de l'eau, au bout du quai de l'Hôpital.

39e. de l'*Hôpital*, ou des Deux-Moulins, donnant dans la plaine de l'Hôpital.

40e. D'*Ivry*, au bout de la rue du Petit-Banquier.

41e. De *Fontainebleau*, ou des Gobelins, ou de *Marengo*, route de Fontainebleau.

42e. De *Croulebarbe*, donnant sur le chemin du Moulin de Croulebarbe.

43e. De la *Glacière*, sur le boulevard de ce nom, au bout de la rue de la Glacière.

44e. De la *Santé*, ou de l'Oursine, ou de Gentilly, au bout de la rue de l'Oursine, par moitié, div. du Finistère et de l'Observatoire.

Division de l'Observatoire.

45e. De la *Fosse-aux-Lions*, boulevard St.-Jacques.

46e. *St.-Jacques*, ou de l'Observatoire, au bout du faubourg St.-Jacques, chemin de Mont-Rouge.

47e. D'*Enfer*, au bout de la rue de ce nom, route d'Orléans.

Division du Luxembourg.

48e. Du *Mont-Parnasse*, au bout de la rue de ce nom, donnant dans les Champs.

49e. Du *Maine*, au bout de la chaussée de ce nom, route du Maine.

50e. Des *Fourneaux*, ou de la Voierie, au bout de la rue des Fourneaux.

51e. De *Vaugirard*, au bout de la rue de Vaugirard, par moitié, div. du Luxembourg et de l'Ouest.

Division de l'Ouest.

52e. De *Sèves*, au bout de la rue de ce nom, par moitié, div. de l'Ouest et des Invalides.

Division des Invalides.

53e. Des *Paillassons*, conduisant à l'Ecole-Militaire.

54e. De l'*Ecole-Militaire*, au bout de l'avenue des Invalides.

55e. De *Grenelle*, ou des Ministres, entre l'Ecole-Militaire et le Champ-de-Mars.

56e. De la *Cunette*, au bord de l'eau, en face de Passy.

LIMITES ET INTERIEUR

De chaque Arrondissement municipal et de chacune des 48 Divisions de Paris.

NOTA. Chaque Arrondissement municipal forme aussi une Justice de Paix.

PREMIÈRE MAIRIE,

Rue d'Aguesseau, faubourg Saint-Honoré.

Composée des divisions des Tuileries, des Champs-Elysées, de la Place-Vendôme et du Roule.

Limites du premier Arrondissement.

A partir de la barrière de Passy, sur le bord de l'eau, et suivant toujours à droite les murs de Paris, jusqu'à la barrière de Clichy, et toujours du côté droit, la rue de Clichy, la rue du Mont-Blanc, la rue de la Place-Vendôme, la place Vendôme ; traversant la rue St.-Honoré et suivant toujours à droite, la rue St.-Honoré jusqu'à la rue Froimanteau, la rue Froimanteau, le guichet du port St.-Nicolas, les quais du Louvre, des Tuileries, l'Evêque, de Chaillot et des Bons-Hommes, jusqu'à la barrière de Passy.

Tout l'intérieur compris dans ces limites.

Ire. DIVISION. Tuileries.

Limites inclusives.

A partir du guichet de la rue Froimanteau, ou du port St.-Nicolas, et suivant toujours à droite, le quai du Louvre, celui des Tuileries, la place de la Concorde, la rue de la Concorde, la rue St.-Honoré jusqu'à la place du Tribunat, la place du Tribunat et la rue Froimanteau jusqu'au guichet du port St.-Nicolas, toujours à droite.

Intérieur.

Rues Batave, de la Convention, du Doyenné, de l'Echelle, St.-Florentin, Hoche, Petite-rue-St.-Louis, de Malte, Petite-rue-de-la-Monnaie, Marceau, St.-Nicaise, St.-Nicolas-du-Louvre, des Orties, St.-Thomas-du-Louvre et Traverse.

Cour du Manège.

Culs-de-sac du Doyenné, de l'Orangerie, et St.-Thomas-du-Louvre.

Enclos St.-Nicolas-du-Louvre.

Palais et jardin des Tuileries.

Passages des Feuillans, de Longueville, St.-Nicolas-du-Louvre, et des Quinze-Vingts.

Places du Carrouzel, du Manège, de l'Orangerie, et du Tribunat.

Ponts de la Concorde et des Tuileries.

Port St.-Nicolas.

Trois fontaines.

Cinq corps-de-garde.

Deux postes de pompiers.

Divisions limitrophes.

Champs-Elysées, Place-Vendôme, Butte des-Moulins, et Muséum.

11ᵉ. DIVISION. Champs-Elysées, y compris Chaillot.

Limites inclusives.

La barrière de Passy ou des Bons-Hommes, et suivant toujours à droite , les barrières de Ste.-Marie , de Long-Champ , du Bassin, de l'Etoile jusqu'à celle du Roule ; descendant le faubourg du Roule , la rue de la Concorde , la place de la Concorde , le quai l'Evêque , celui de Chaillot , et celui des Bons-Hommes jusqu'à la barrière de Passy , toujours à droite.

Intérieur.

Rues des Bains, Basse-St.-Pierre , des Batailles , Beaujon , Beauveau , Berry , Neuve-Biron , des Bornes , du Bouquet-des-Champs , Brunette, des Carrières, de Chaillot, des Champs-Elysées, du Cœur-Volant, du Colysée, Neuve-du-Colysée, des Faisans, des Gourdes, Hébert, de Long-Champ, de Marigny , des Pères-de-l'Oratoire , Ste.-Perrine , St-Pierre , de Poitiers, de la Pompe, de l'Union.

Cul-de-sac des Gourdes.

Pont dit Pont-Sourd.

Port-aux-Pierres.

Quais l'Evêque , de Chaillot et des Bons-Hommes.

Ruelles Baudet , Chulot, Gastel, Martin , Rivaux , du Tourniquet et des Vignes.

Une fontaine.

Une pompe à feu.

Six corps-de-gardes.

Deux postes de pompiers.

Barrières de Versailles, de Ste.-Marie, de Long-Champ, du Bassin, de l'Etoile et du Roule.

Divisions limitrophes.

Roule, Tuileries.

IIIᵉ. DIVISION. Place-Vendôme.

Limites inclusives.

En entrant par le faubourg St.-Honoré, et suivant toujours à droite, les rues de la Madeleine, de l'Arcade, de la Pologne, St.-Lazare jusqu'à la rue du Mont-Blanc; les rues du Mont-Blanc, de la Place-Vendôme; des Capucines, jusqu'en face de la place Vendôme; la place Vendôme, la rue St.-Honoré, et le faubourg St.-Honoré jusqu'à la rue de la Madeleine, toujours à droite.

Intérieur.

Rues Basse-du-Rempart, Boudreau, Neuve-des-Capucines, Caumartin, du Chemin-du-Rempart, Neuve-Ste.-Croix, Duphot, de la Ferme-des-Mathurins, Joubert, Neuve-du-Luxembourg, Neuve-des-Mathurins, St.-Nicolas, ou de l'Egoût, Richepanse, de Surène en partie, Thiroux et Trudaine.

Boulevards des Capucines et de la Madeleine.

Cour Henri.

Culs-de-sacs de la Ferme-des-Mathurins et des Mathurins.

Marché d'Aguesseau.

Passages du Marché d'Aguesseau et Sandrier.

Place de la Nouvelle-Madeleine.

Sept corps-de-gardes.

Deux postes de pompiers.

Divisions limitrophes.

Roule, Mont-Blanc, Lepelletier, Butte-des-Moulins, et Tuileries.

IVᵉ. DIVISION. Roule.

Limites inclusives.

Partant de la barrière du Roule, et suivant toujours à droite, les barrières de Courcelles, de Mousseaux, de Clichy, les rues de Clichy, St.-Lazare, de la Pologne, de l'Arcade, de la Madeleine, et du faubourg St.-Honoré jusqu'à la barrière du Roule, toujours à droite.

Intérieur.

Rues d'Aguesseau, d'Astorg, de la Bienfaisance, St.-Charles, Cisalpine, Courcelles, Neuve-Croix, de Duras, des Grésillons, Guiot, St.-Jean-Baptiste, Maison-Neuve, Mantoue, du Marché, Miroménil, Monceaux, Neuilly, de la Pépinière, Projetée dans la rue de la Pépinière, Quatre-Mer, des Ramiers, de Rancy, du Rocher, Roquépine, des Saussaies, de Surène en partie, Verte, Petite-rue-Verte, Vezelay, de la Ville-l'Evèque et de la Voierie.

Cour-des-Coches.

Culs-de-sacs d'Argenteuil, Beaudouin, Bizet et de Surène.

Passages de la cour des Coches, et des Grésillons.

Place Beauveau.

Hospice Beaujon.

Trois corps-de-gardes.

O

Barrières du Roule, de Courcelles, de Mousseaux, de Clichy.

Divisions limitrophes.

Champs-Elysées, Mont-Blanc, et Place-Vendôme.

DEUXIÈME MAIRIE,

Rue d'Antin, près de la rue Neuve-des-Petits-Champs.

Composée des divisions Lepelletier, Mont-Blanc, Butte-des-Moulins et Faubourg-Montmartre.

Limites du deuxième Arrondissement.

A partir de la barrière de Clichy, en suivant à droite les murs de Paris jusqu'à la barrière Ste-Anne, le côté droit des rues Ste.-Anne, du faubourg Poissonnière, du boulevard jusqu'à la rue du Faubourg-Montmartre, de la rue Montmartre, de la rue des Victoires-Nationales, de la rue des Filles-St.-Thomas jusqu'au passage Feydeau, de la rue Vivienne, traversant la rue Neuve-des-Petits-Champs, la droite de la rue Neuve-des-Petits-Champs du Perron à la rue des Bons-Enfans, la droite de la rue des Bons-Enfans, de la rue Neuve-des-Bons-Enfans, de la rue St.-Honoré jusqu'au coin de la place Vendôme; de la place Vendôme, de la rue Neuve-des-Petits-Champs jusqu'en face de la rue de la Place-Vendôme; de la rue de la Place-Vendôme, de la rue du Mont-Blanc, et de la rue de Clichy jusqu'à la barrière de Clichy.

Tout l'intérieur compris dans ces limites.

Vᵉ. DIVISION. Lepelletier.

Limites inclusives.

Du coin de la rue de la Place-Vendôme, et suivant toujours à droite, le boulevard jusqu'à la rue
Montmartre ; la rue Montmartre jusqu'à celle des
Victoires-Nationales ; la rue des Victoires-Nationales
jusqu'à celle des Filles-St.-Thomas ; la rue des
Filles-St.-Thomas jusqu'à la rue Vivienne ; la rue
Vivienne, la rue Neuve-des-Petits-Champs, la rue
de la Place-Vendôme jusqu'au coin du boulevard,
toujours à droite.

Intérieur.

Rues d'Amboise, d'Antin, Colbert, Neuve-St.-
Augustin, Chabanois, de Choiseuil, des Colonnes,
Favart, Feydeau, Neuve-de-la-Fontaine, Gaillon,
Grammont, Grétry, Helvétius en partie, Neuve-
Lepelletier, de la Loi en partie, de Louvois,
St.-Marc, Neuve-St.-Marc, de Marivaux, de Mes-
nars, de la Michodière, Neuve-Montmorency,
et Projetée dans la rue de la Place-Vendôme.

Passages Feydeau et du Panorama.

Place des Italiens.

Cinq corps-de-gardes.

Trois postes de pompiers.

Deux fontaines.

Divisions limitrophes.

Mont-Blanc, Brutus, Mail, Butte-des-Moulins
et Place-Vendôme.

VIe. DIVISION. Mont-Blanc.

Limites inclusives.

De la barrière de Clichy, en suivant toujours à droite les barrières Blanche, Nationale, des Martyrs, la rue des Martyrs, le faubourg Montmartre, le boulevard, la rue du Mont-Blanc, la rue de Clichy, jusqu'à la barrière de Clichy, toujours à droite.

Intérieur.

Rues Blanche, Cérutti, Chauchat, des Trois-Frères, St.-Georges, Grange-Batelière, Petite-rue-, et rue Neuve-Grange-Batelière, du Helder, du Houssaye, Laval, St.-Lazare en partie, Lepelletier, Nouette, Pigale, Pinon, de Provence, de la Rochefoucault, Taitbout, de la Tour-des-Dames, et de la Victoire.

Ruelle Baudin.

Deux corps-de-gardes.

Un poste de pompiers.

Une fontaine.

Barrières de Clichy, Blanche, Nationale, des Martyrs.

Divisions limitrophes.

Roule, Faubourg-Montmartre, Place-Vendôme et Lepelletier.

VIIe. DIVISION. Butte-des-Moulins.

Limites inlusives.

A partir du coin de la place Vendôme et de la rue St.-Honoré, en suivant toujours à droite, la place Vendôme, les rues Neuve-des-Petits-Champs, Neuve-des-Bons-Enfans, des Bons-Enfans, et St.-Honoré jusqu'au coin de la place Vendôme, toujours à droite.

Intérieur.

Rues d'Arcole, d'Argenteuil, des Boucheries-St.-Honoré, du Clos-Georgot, l'Evêque, des Frondeurs, du Hazard, Helvétius en partie, Langlade, de la Loi en partie, du Lycée, des Moineaux, des Moulins, des Mulets, des Orties, Petite-rue-des-Orties, Quiberon, du Rempart, Neuve-St.-Roch, de la Sourdière, Thérèse, Traversière, Ventadour et Villedot.

Carrefour des Quatre-Cheminées.

Cours des Fontaines, St.-Guillaume, des Maures et du Tribunat.

Culs-de-sacs de la Brasserie, de la Corderie, des Jacobins et de St.-Roch.

Marché des Quinze-Vingts, rue Traversière-St.-Honoré, incessamment aux Jacobins St.-Honoré.

Passages de la Corderie; St.-Hyacinte, ou des Jacobins; du Perron, Radsiwick, St.-Roch, et Virginie.

Places de la Butte-St.-Roch, et du Tribunat, en partie.

Palais et jardin du Tribunat.

Deux corps-de-gardes.

Un poste de pompiers.

Deux fontaines.

Divisions limitrophes.

Place-Vendôme, Lepelletier, Mail, Halle-au-Blé, et Tuileries.

VIIIe. DIVISION. Faubourg-Montmartre.

Limites inclusives.

A partir de la barrière des Martyrs, et suivant toujours à droite, les barrières Cadet et Ste.-Anne, les rues Ste.-Anne, du Faubourg-Poissonnière, le boulevard, la rue du Faubourg-Montmartre, la rue des Martyrs jusqu'à la barrière des Martyrs, toujours à droite.

Intérieur.

Rues Bellefond, Bergère, Bleue, Buffault, Cadet, Coquenard, d'Enfer, Jolivet, Montholon, Papillon, Riboutet, Richer, Rochechouart, et de la Tour-d'Auvergne.

Culs-de-sacs de la Boule-Rouge et de Brutus.

Place Cadet.

Ruelle Malboroug.

Trois corps-de-gardes.

Barrières des Martyrs, Cadet, Ste.-Anne.

Divisions limitrophes.

Poissonnière, Brutus, Mont-Blanc.

TROISIÈME MAIRIE,

Aux ci-devant Petits-Pères de la Place-des-Victoires.

Composée des divisions du Contrat-Social, de Brutus, du Mail et Poissonnière.

Limites du troisième Arrondissement.

A partir de la barrière Ste.-Anne, et suivant les murs de Paris jusqu'à la barrière Franciade ou St.-Denis; descendant la droite du faubourg St.-

Denis, le boulevard à droite jusqu'à la rue Poissonnière ; suivant à droite la rue Poissonnière, la rue des
Petits-Carreaux, la rue Montorgueil, la rue de la
Fromagerie jusqu'à la rue des Grands-Piliers ;
tournant toujours à droite, la rue St.-Honoré, la rue
du Four ; remontant la rue Coquillère toujours à
droite, la rue Croix-des-Petits-Champs, de la rue
Coquillère à la place des Victoires ; tournant à
gauche, la place des Victoires jusqu'à la rue de la
Feuillade, la droite de la rue de la Feuillade et de
la rue Neuve-des-Petits-Champs jusqu'à la rue
Vivienne, la droite de la rue Vivienne, la rue des
Filles-St.-Thomas à droite de la rue Vivienne, la
rue Notre-Dame-des-Victoires jusqu'aux Petits-Pères,
l'autre côté de la même rue jusqu'à la rue Montmartre ; tournant à droite, la rue Montmartre
jusqu'à la pointe St.-Eustache, et remontant la rue
Montmartre de l'autre côté jusqu'au coin du boulevard ; tournant à droite, le boulevard du côté
droit jusqu'à la rue Poissonnière, la droite du faubourg Poissonnière et de la rue Ste.-Anne jusqu'à la
barrière Ste.-Anne.

Tout l'intérieur de ces limites.

IXe. DIVISION. Contrat-Social.

Limites inclusives.

En partant du passage du Saumon, rue Montorgueil, et suivant toujours à droite, la rue Montorgueil, la pointe St.-Eustache ; la rue de la
Fromagerie jusqu'à la rue des Grands-Piliers ; la rue
des Grands-Piliers, ou de la Tonnellerie ; la rue
St.-Honoré jusqu'à la rue du Four ; la rue du Four,
la rue Coquillère jusqu'à la rue Coqhéron ; la rue

Coqhéron, la rue de la Jussienne, la rue Montmartre jusqu'à la pointe St.-Eustache, et remontant la rue Montmartre aussi à droite, de la pointe St.-Eustache au passage du Saumon, lequel appartient en entier à la division de Brutus.

Intérieur.

Rues du Contrat - Social, des Deux - Ecus en partie, Jean-Jacques-Rousseau, du Jour, Mandar des Prouvaires, Tiquetone, Traînée, Verdelet.

Culs-de-sacs de la Bouteille et du Jour.

Halle au pain, grands et petits Piliers de la Tonnellerie.

Passages des Chartreux, Egalité ci-devant de la reine d'Hongrie, et St.-Eustache.

Trois corps-de-gardes.

Un poste de pompiers.

Divisions limitrophes.

Bon-Conseil, Marchés, Gardes-Françaises, Halle au-Blé et Brutus.

Xe. DIVISION. Brutus.

Limites inclusives.

En partant du boulevard, au coin de la rue Montmartre, et suivant toujours à droite, le boulevard jusqu'à la rue Poissonnière; la rue Poissonnière, la rue des Petits-Carreaux, la rue Montorgueil jusqu'au passage du Saumon; le passage du Saumon de deux côtés, et la rue Montmartre à droite, du passage du Saumon au coin du boulevard.

Intérieur.

Rues du Bout-du-Monde, Clery de la rue Mont·

martı

martre à la rue Poissonnière, du Croissant, Neuve-St.-Eustache, St.-Fiacre, du Gros-Chenet, des Jeûneurs, Petite-rue-St.-Roch, du Sentier.

Cour des Commissaires.

Marché de la rue Montmartre, d'un côté.

Passage du Saumon.

Une fontaine.

Deux corps-de-gardes.

Divisions limitrophes.

Faubourg-Montmartre, Bonne-Nouvelle, Bon-Conseil, Contrat-Social, Mail, Lepelletier.

XIe. DIVISION. Mail.

Limites inclusives.

Du coin de la rue Coquillère et de la rue Croix-des-Petits-Champs, cette dernière rue jusqu'à la place des Victoires; la place des Victoires, à gauche, jusqu'à la rue de la Feuillade; ensuite, en prenant toujours à droite, la rue de la Feuillade, la rue Neuve-des-Petits-Champs jusqu'à la rue Vivienne; la rue Vivienne, la rue des Filles-St.-Thomas, la rue des Victoires-Nationales, à droite, jusqu'à la rue Montmartre; à droite la rue Montmartre jusqu'à la rue de la Jussienne; la rue de la Jussienne, la rue Coqhéron, la rue Coquillère jusqu'au coin de la rue Croix-des-Petits-Champs, toujours à droite.

Intérieur.

Rue des Victoires Nationales en partie, des Vieux-Augustins, des Fossés-Montmartre, Jocquelet, du Mail, Pagevin, Neuve-des-Petits-Pères, St.-Pierre, du Petit-Reposoir, Soly, Vide-Gousset.

P

Culs-de-sacs St.-Claude et Pierre-Gourtin.

Marché de la rue Montmartre, d'un côté.

Passages des Petits-Pères, de la cour du Tricot et du Vigan.

Place des Victoires.

Une fontaine.

Quatre corps-de-gardes.

Divisions limitrophes.

Butte-des-Moulins, Lepelletier, Brutus, Contrat-Social, Halle-au-Blé.

XIIe. DIVISION. Poissonnière.

Limites inclusives.

En partant de la barrière Ste.-Anne, et suivant à droite jusqu'à celle Franciade, ou St.-Denis, descendant à droite le faubourg St.-Denis, le boulevard, à droite, jusqu'à la rue du Faubourg-Poissonnière ; la rue du Faubourg-Poissonnière et la rue Ste.-Anne, aussi à droite, jusqu'à la barrière Ste.-Anne.

Intérieur.

Rues Basse-St.-Denis, de l'Echiquier, des Petites-Ecuries, d'Enghien, Hauteville, de Mably, Martel, des Messageries, de Paradis.

Culs-de-sacs des Babillards, des Filles-Dieu, St.-Laurent et St.-Lazare.

Prison de St.-Lazare.

Deux corps-de-gardes.

Quatre postes de pompiers.

Barrières Ste.-Anne, Franciade.

Divisions limitrophes.

Nord, Bonne-Nouvelle, Faubourg-Montmartre.

QUATRIÈME MAIRIE,

Rue Coquillère, N°. 29.

Composée des divisions, Gardes-Françaises, Marchés, Muséum et Halle-au-Blé.

Limites du 4ᵉ Arrondissement.

Partant du guichet du port St-Nicolas, suivant la rue Froimanteau, à droite, traversant la rue St.-Honoré, suivant à droite les rues des Bons-Enfans et Neuve-des-Bons-Enfans, la rue de la Feuillade, la place des Victoires, la rue Croix-des-Petits-Champs; entrant de suite dans la rue Coquillère, et suivant la droite jusqu'à la rue des Prouvaires, celle-ci du côté droit; prenant ensuite la rue St.-Honoré, et la suivant, à droite, depuis la rue du Roule jusqu'en face de la rue des Grands-Piliers; celle-ci, à droite, traversant le carreau de la Halle et suivant toujours du côté droit, les rues Pirouette, Mondétour, Chanverrerie, St.-Denis jusqu'à l'Apport-Paris; prenant ensuite du côté droit, la rue St.-Jacques-de-la-Boucherie jusqu'à la rue de la Joaillerie; cette dernière à droite, et les quais de la Mégisserie, de l'École et du Louvre, jusqu'au guichet du Port-St.-Nicolas.

Tout l'intérieur compris dans ces limites.

VIIIᵉ. DIVISION. Gardes-Françaises.

Limites inclusives.

En partant du coin de la rue Froimanteau, la rue St.-Honoré, à droite, jusqu'à celle des Déchargeurs; entrant dans la rue des Déchargeurs, et de suite la droite de la rue des Foureurs jusqu'à celle des Lavandières; celle-ci à droite jusqu'à la rue des Mauvaises-

P 2

Paroles; là rue des Mauvaises-Paroles, des deux côtés, la droite de la rue Béthisy et de la rue des Fossés-St.-Germain-l'Auxerrois; tournant à droite par la rue des Poulies, le mur de la maison d'Angivilliers, la place de la Liberté, ou du Coq, jusqu'à la rue de Beauvais; celle-ci, à droite, jusqu'à la rue Froimanteau, et la rue Froimanteau à droite, de la rue de Beauvais à la rue St.-Honoré.

Intérieur.

Rues d'Angivilliers, de l'Arbre-Sec en partie, Bailleul, des Bourdonnais, du Champ-Fleury, du Chantre, du Coq, des Déchargeurs en partie, Jean-St.-Denis, Jean-Tison, de la Limace, de l'Oratoire, du Plat-d'Etain, des Poulies, du Roule, Tire-Chape.

Culs-de-sacs de la Fosse-aux-Chiens, et Rollin-prend-gages.

Place de la Liberté,

Une fontaine,

Un corps-de-garde,

Divisions limitrophes.

Halle-au-Blé, Marché, Muséum et Tuileries,

XIVᵉ. DIVISION. Marchés.

Limites inclusives.

En partant de la rue Perrin-Gasselin, et remontant la rue St.-Denis à gauche, jusqu'à la rue de la Chanverrerie, et suivant toujours le côté gauche des rues de la Chanverrerie, Mondétour et Pirouette; traversant le carreau de la halle, et suivant toujours à gauche, la rue des Grands-Piliers, ou de la Tonnellerie, la rue St.-Honoré jusqu'à celle de la Lingerie; traversant la rue St.-Honoré, et prenant toujours à gauche, la rue des Déchargeurs, des Foureurs, des Lavandières, du Chevalier-du-Guet et Perrin-Gasselin, jusqu'à la rue St.-Denis, toujours du côté gauche.

Intérieur.

Rues de l'Aiguillerie, Aux-Fers, de la Cordonnerie, de la Cossonnerie, Courtalon, de l'Echaudé, de la Ferronnerie, de la grande et de la petite Friperie, de la Fromagerie, Grosnière, de la Vieille-Harengerie, des Hommes-Libres, Jean-de-Beauce, Aulard, de la Lingerie, du Marché-aux-Poirées, Mondétour en partie, des Piliers-des-Halles ou des Potiers-d'Etain, de la Poterie, des Prêcheurs, du Puits, de la Tabletterie.

Halles aux beurre, œufs et fromage, aux draps et toile, à la marée, au poisson, à la viande.

Marchés aux fruits et légumes, aux issues cuites, aux poirées.

Passages Grosnière, des Halles et des Innocens.

Places des Chats, Gastine, des Innocens, du Légat, St.-Opportune et du Pilori.

Deux fontaines.

Deux corps-de-garde.

Un poste de pompiers.

Divisions limitrophes.

Lombards, Bon-Conseil, Contrat-Social, Gardes-Françaises et Muséum.

XVe. DIVISION. Muséum.

Limites inclusives.

En entrant par le guichet du port St.-Nicolas, et suivant toujours à droite, la rue Froimanteau jusqu'à la rue de Beauvais; la rue de Beauvais, le long du vieux Louvre, le gazon du Louvre, les rues des Fossés-St.-Germain-l'Auxerrois, Béthizy, des Lavandières, du Chevalier-du-Guet, Perrin-Gasselin, St.-Denis jusqu'à l'Apport-Paris ; traversant la rue St.-Denis, et suivant toujours à droite, la rue St.-Jacques-de-la-Boucherie, la rue de la Joaillerie, les quais de la Mégisserie, de l'Ecole et du Louvre, jusqu'au guichet du port St.-Nicolas.

Intérieur,

Rues de l'Arbre-Sec en partie, de l'Arche-Marion, de l'Arche-Pepin, Baillet, Bertin-Poiré, Boucher, des Deux-Boules, du Court-Bâton, Demi-Saint, Etienne, des Fuseaux, St.-Germain-l'Auxerrois, Jean-Lantier, des Lavandières en partie, Leufroy, de l'Arche-Marion, de la Monnaie, du Petit-Muséum, des Orfévres, Pierre-au-Poisson, des Prêtres-St.-Germain-l'Auxerrois, des Quenouilles, de la Sonnerie, Thibautodé, de la Triperie, Trova-quidure.

Cours du Grand-Châtelet et du Muséum.

Culs-de-sacs de la Petite-Bastille, des Provençaux, Sourdis, de la Treille, des Trois-Visages.

Marché aux fleurs et arbustes.

Passages St.-Anne, St.-Germain-l'Auxerrois, de la Madeleine, du Louvre.

Places de l'Apport-Paris, du Chevalier-du-Guet, de l'Ecole, St.-Germain-l'Auxerrois, du Muséum, des Trois-Maries.

Ponts au Change en partie, du Muséum ou des Arts, en partie, Neuf en partie.

Quais de l'Ecole et de la Mégisserie.

Ruelle des Poissons.

Palais ou Muséum des Sciences-et-des-Arts, et jardin du Muséum.

Une pompe.

Trois corps-de-gardes.

Un poste de pompiers.

Divisions limitrophes.

Tuileries , Gardes - Françaises , Marchés et Arcis.

XVIe. DIVISION. Halle-au-Blé.

Limites inclusives.

En partant du coin de la rue du Four , et prenant toujours à droite , la rue St.-Honoré jusqu'à celle des Bons-Enfans ; cette dernière et la rue Neuve-des-Bons-Enfans, tournant à droite dans la rue de la Feuillade , la place des Victoires , à droite , jusqu'à la rue Croix-des-Petits-Champs ; en entrant dans celle-ci , prenant la rue Coquillère , à droite , jusqu'à celle du Four ; et la rue du Four, à droite , jusqu'à la rue St.-Honoré.

Intérieur.

Rues Babille , Baillif , de la Barrière-des-Sergens , du Bouloi , Croix-des-Petits-Champs , des Deux-Ecus en partie , des Vieilles - Etuves , Grenelle-St.-Honoré , Mercier, Oblin , d'Orléans, St.-Honoré , de Sartine , de Vanne , de Varenne , de Viarme , la Vrillière , et Petite-rue-de-la-Vrillière.

Enclos St.-Honoré et de la Halle-au-Blé.

Halle aux blé et farines.

Passage St.-Honoré.

Place St.-Eustache.

Une fontaine.

Trois corps-de-gardes.

Divisions limitrophes.

Gardes-Françaises, Butte-des-Moulins, Mail et Contrat-Social.

CINQUIÈME MAIRIE,

Rue de Bondi, N°. 30.

Composée des Divisions, Bonne-Nouvelle, Bon-Conseil, Nord et Bondi.

Limites du cinquième Arrondissement.

Partant de la barrière St.-Denis , et suivant à droite les murs de Paris jusqu'à la barrière de Belleville; descendant à droite le faubourg du Temple, le boulevard à droite jusqu'à la porte St.-Denis; la rue St.-Denis à droite jusqu'à la rue de la Chanverrerie; suivant toujours à droite les rues de la Chanverrerie, Mondétour, Pirouette et des Petits-Piliers; tournant à droite et suivant du côté droit la pointe St.-Eustache, les rues Montorgueil, des Petits-Carreaux, et Poissonnière jusqu'au boulevard; tournant à droite, suivant la droite du boulevard jusqu'à la porte St.-Denis, et prenant le faubourg St.-Denis à droite jusqu'à la barrière.

Tout l'intérieur compris dans ces limites.

XVIIe. DIVISION. Bonne-Nouvelle.

Limites inclusives.

Partant du coin du boulevard et de la rue Poissonnière, suivant toujours à droite, le boulevard jusqu'à la rue St.-Denis; la rue St.-Denis jusqu'à celle Thévenot; la rue Thévenot, la rue des Petits-Carreaux et la rue Poissonnière jusqu'au boulevard, toujours à droite.

Intérieur.

Rues Ste.-Barbe, Beauregard, Bonne-Nouvelle, du Caire, St.-Claude, de Clery en partie, Neuve-Egalité, Neuve-St.-Etienne, des Filles-Dieu, Ste.-Foy, de la Lune, St.-Philippe, Petite-rue-Poissonnière, Notre-Dame-de-Recouvrance, Neuve-St.-Sauveur, Spire.

Cours Ste-Catherine et des Miracles.

Culs-de-sacs Ste-Catherine, St.-Claude, de la Corderie et de la Grosse-Tête.

Marché de la Porte-St.-Denis, d'un côté.

Passage du Caire.

Une fontaine.

Un corps-de-garde.

Divisions limitrophes.

Poissonnière, Amis-de-la-Patrie, Bon-Conseil et Brutus.

XVIIIe. DIVISION. Bon-Conseil.

Limites inclusives.

En partant du coin de la rue Thévenot, et prenant à droite et toujours suivant à droite, les rues St.-Denis, de la Chanverrerie, Mondétour, Pirouette, des Petits-Piliers, la pointe St.-Eustache, la rue Montorgueil et la rue Thévenot jusqu'au coin de la rue St.-Denis.

Intérieur.

Rues Beaurepaire, Bon-Conseil, du Cygne, des Deux-Portes, Française, Pavée, du Petit-Lion, des Petits-Piliers, de la Réalle, du Renard, St.-Sauveur, Tire-Boudin, de la grande et de la petite Truanderie, Verderet.

Cour des Miracles.

Culs-de-sacs de l'Empereur et des Miracles.

Enclos St.-Jacques-de-l'Hôpital.

Passages de l'Ancien-Grand-Cerf et St.-Jacques-de-l'Hôpital.

Place Ariane ou du Puits-d'Amour.

Ruelle Jean-Gilles.

Halle aux Cuirs.

Un corps-de-garde.

Divisions limitrophes.

Amis-de-la-Patrie, Lombards, Marchés, Contrat-Social, Brutus et Bonne-Nouvelle.

XIXe. DIVISION. Nord.

Limites inclusives.

En partant de la barrière St.-Denis et suivant les murs de Paris jusqu'à la barrière St.-Martin ; prenant le faubourg St.-Martin jusqu'à la porte St.-Martin ; le boulevard jusqu'à la porte St.-Denis ; et le faubourg St.-Denis jusqu'à la barrière, suivant toujours le côté droit.

Intérieur.

Rues Basse-d'Orléans, Château-Landon, de la Fidélité, des Fossés-St.-Martin, St.-Jean, St.-Laurent, Quatre-Sols, de la Voierie.

Marchés aux fourrages, du faubourg St.-Martin.

Passages du Bois-de-Boulogne, du Desir et de la Foire St.-Laurent.

Deux fontaines.

Deux corps-de-gardes.

Barrières Franciade, des Vertus, de la Villette.

Divisions limitrophes.

Bondi, Amis-de-la-Patrie, et Poissonnière.

XXe. DIVISION. Bondi.

Limites inclusives.

En partant de la barrière St.-Martin , et suivant à droite les murs de Paris jusqu'à la barrière de Belleville ou de la Courtille, descendant la Courtille, la rue du Faubourg-du-Temple, prenant le boulevard jusqu'à la porte St.-Martin , et le faubourg St.-Martin jusqu'à la barrière , le tout en suivant le côté droit.

Intérieur.

Rues St.-Ange , de Bondi , de la Boyauterie , du Buisson-St.-Louis , Carême-Prenant , du Chemin-de-la-Chopinette , du Chemin-de-Pantin , Gancourt, Gilbert , Gloriette , Grange-aux-Belles , de la Grue , Haute-Borne , de l'Hospice-du-Nord , Lancry , des Marais , Maur , dés Morts , des Moulins , Neuve-St.-Nicolas , des Récollets, Samson , du Waux-Hall-d'Eté , des Vinaigriers.

Culs-de-sacs de l'Egoût , St.-Louis , du Grand-Michel et de la Pompe.

Marchés aux fourrages , de la Porte-St.-Martin.

Hospices du Nord , petit Hospice des Vieillards , des Incurables.

Deux fontaines.

Quatre corps-de-gardes.

Barrières de la Villette , de Pantin , de l'Hospice-du-Nord , de la Chopinette , des Deux-Moulins , de Belleville.

Divisions limitrophes.

Nord , Temple , Gravilliers.

SIXIÈME MAIRIE,

Rue St.-Martin, à la ci-devant Abbaye St.-Martin.

Composée des divisions des Lombards, des Gravilliers, du Temple et des Amis-de-la-Patrie.

Limites du sixième Arrondissement.

Partant de la barrière de Belleville et suivant à droite les murs de Paris jusqu'à la barrière de Ménilmontant, descendant la droite des rues de la Roulette, de Ménilmontant, des Filles-du-Calvaire, des rues de Bretagne et de la Corderie, de la rue du Temple, depuis la rue Phelipeaux jusqu'à celle Chapon ; la droite des rues Chapon et du Cimetière-St.-Nicolas, descendant la droite de la rue St.-Martin et de la rue des Arcis jusqu'à la rue St.-Jacques-de-la-Boucherie, celle-ci à droite, remontant la droite de la rue St.-Denis jusqu'à la porte St.-Denis, la droite du boulevard depuis cette porte jusqu'à la rue du Temple, remontant le faubourg du Temple jusqu'à la barrière de Belleville.

Tout l'intérieur compris dans ces limites.

XXIᵉ. DIVISION. Lombards.

Limites inclusives.

Partant de la rue aux Ours et descendant la droite de la rue St.-Martin et de la rue des Arcis, la rue St.-Jacques-de-la-Boucherie à droite, remontant la droite de la rue St.-Denis jusqu'à la rue aux Ours, et celle-ci, à droite, jusqu'à la rue St.-Martin.

Intérieur.

Rues, Aubri-le-Boucher, d'Avignon, des Cinq-

Diamans, du Petit-Crucifix, des Ecrivains, de la Heaumerie, des Lombards, St.-Magloire, Marivaux, Petite-rue-Marivaux, des Trois-Maures, de la Vieille-Monnaie, Ogniard, Quincampoix, Salle-au-Comte, de la Savonnerie, Trognon, Troussevache, de Venise.

Cour Batave.

Culs-de-sacs Batave, Beaufort, du Chat-Blanc, du Fort-aux-Dames, des Etuves, St.-Fiacre, de la Heaumerie.

Enclos St.-Magloire.

Passages Beaufort, des Lombards, Molière.

Place St.-Jacques-de-la-Boucherie.

Une fontaine.

Deux corps-de-gardes.

Divisions limitrophes.

Réunion, Arcis, Marchés, Bon-Conseil, Amis-de-la-Patrie.

XXIIᵉ. DIVISION. Gravilliers.

Limites inclusives.

Prenant la droite du boulevard, de la rue St.-Martin à celle du Temple; descendant la droite de la rue du Temple jusqu'à celle Chapon; la droite des rues Chapon et du Cimetière-St.-Nicolas; remontant la droite de la rue St.-Martin jusqu'au boulevard.

Intérieur.

Rues Aumaire, du Pont-aux-Biches, de la Croix, des Fontaines, Frépillon, des Gravilliers, Jean-Robert, Neuve-St.-Laurent, Neuve-St.-Martin, Mêlée, Notre-Dame-de-Nazareth, Phelipeaux, de Rome, Transnonain en partie, du Vertbois, des Vertus.

Enclos. St.-Martin.

Cours de l'enclos; rues Bailli, Benoît, Breteuil, Egalité Henri, St.-Hugues, Marcou, St.-Martin-des-Champs, du Maure, St.-Paxant, St.-Philippe, Royale, de Vanne. Culs-de-sacs St.-Nicolas et des Prêtres-St.-Nicolas. Cour des Prêtres-St.-Nicolas. Places de l'Egalité et de Vanne.

Culs-de-sacs du Pont-aux-Biches, du Puits-de-Rome.

Marché St.-Martin.

Passages de l'Indien, de la Marmite, St.-Martin de la Cour-de-Rome.

Prison des Madelonnettes.

Deux fontaines.

Un corps-de-garde.

Un poste de pompiers.

Divisions limitrophes.

Bondi, Temple, Homme-Armé, Réunion et Amis-de-la-Patrie.

XXIIIᵉ. DIVISION. Temple.

Limites inclusives.

Partant de la barrière de Belleville, et suivant à droite les murs de Paris, jusqu'à la barrière de Ménilmontant, descendant la droite des rues de la Roulette, de Ménilmontant, des Filles-du-Calvaire de la rue de Bretagne, de la rue de la Corderie, remontant la droite de la rue du Temple et du faubourg du Temple jusqu'à la barrière de Belleville.

Intérieur.

Rues des Alpes, d'Angoulême, Blanche, des Trois-Bornes, Boucherat, des Braves, Charlot, de la

Croix-Blanche, de Crussol, de la Folie-Méricourt, Forez, des Fossés-du-Temple, de Lorillon, de Malte, des Marais, des Trois-Moulins, de Normandie, de Périgueux, Pierre-Levée, du ci-devant Grand-Prieuré, Saintonge, de la Tour, de Vendôme.

Cours de la Corderie, du Temple.

Cul-de-sac du Petit-Broc.

Enclos, Jardin et Maison du Temple.

Passage du Temple.

Places d'Angoulème, du Temple.

Prison du Temple.

Marché du Temple.

Deux fontaines.

Une pompe.

Deux corps-de-gardes.

Deux postes de pompiers.

Barrières de Belleville, des Couronnes ; de Ménilmontant.

Divisions limitrophes.

Gravilliers, Bondi, Popincourt, Indivisibilité ; l'Homme-Armé.

XXIV⁹. DIVISION. Amis-de-la-Patrie.

Limites inclusives.

La droite du boulevard depuis la rue St.-Denis jusqu'à la rue St.-Martin, la droite de la rue St.-Martin jusqu'à la rue aux Ours ; la rue aux Ours, à droite, et remontant la droite de la rue St.-Denis jusqu'au boulevard.

Intérieur.

Rues Ste.-Appoline, Bourg-l'Abbé, Neuve-St.-Denis, des Deux-Portes, des Egoûts, Grenétat

Guérin-Boisseau, du Grand- et du Petit-Hurleur, d
Ponceau, de Tracy.

Culs-de-sacs Basfour, et de la Porte-aux-Peintre
Enclos de la Trinité.
Marché de la Porte-St.-Denis, d'un côté.
Passages de l'Ancre-National, du Houssaye, d
la Trinité.
Deux fontaines.
Un corps-de-garde.

Divisions limitrophes.

Nord, Gravilliers, Lombards, Bon-Conseil, Bonn(
Nouvelle.

SEPTIÈME MAIRIE,

Rue Ste.-Avoie, N°. 160, maison d'Asnières.

Composée des divisions de la Réunion, de l'Homme
Armé, des Droits-de-l'Homme, des Arcis.

Limites du septième Arrondissement.

Partant rue St.-Antoine du coin de la rue Culture
Ste.-Catherine, suivant la droite de la rue St.-An
toine et de la rue de la Tixéranderie jusqu'en fac
de la rue du Mouton, la droite de la rue du Mou
ton, de la place de Grève, du quai Pelletier
du quai de Gèvres, de la rue de la Joaillerie, d(
la rue St.-Jacques-de-la-Boucherie; prenant la droit(
de la rue des Arcis et de la rue St.-Martin jusqu'(
la rue du Cimetière-St.-Nicolas, la droite de celle
ci et de la rue Chapon, remontant la droite de l(
rue du Temple jusqu'à la rue de la Corderie, l(
droite des rues de la Corderie, de Brètagne e
Vieille-du-Temple jusqu'à celle des Francs-Bour

geois, la droite de celle-ci et de la rue Culture-
Ste.-Catherine jusqu'à la rue St.-Antoine.

Tout l'intérieur compris dans ces limites.

XXVe. DIVISION. Réunion.

Limites inclusives.

En partant de la rue de la Verrerie et suivant la
droite de la rue St.-Martin jusqu'à la rue du Cimetière-
St.-Nicolas, celle-ci et la rue Chapon à droite, la
rue du Temple, la rue Ste.-Avoie, la rue Bar-du-
Bec, et la droite de la rue de la Verrerie jusqu'à la
rue St.-Martin.

Intérieur.

Rues Beaubourg, Brise-Miche, des Petits-Champs,
de la Corroierie, des Vieilles-Etuves, Geoffroy-
Langevin, Grenier-St. Lazare, Maubuée, des Mé-
nétriers, Neuve-St.-Merry, du Cloître-St.-Merry,
Michel-Lepelletier, Pierre-au-Lard, du Poirier, du
Renard, de la Réunion, Simon-le-Franc, Taille-
Pain, Transnonain en partie, des Vivans.

Culs-de-sacs des Anglais, de la Baudoierie, Bertaut, du Bœuf, Clairvaux, de la Corroierie, Taille-
Pain.

Passages de la Réunion et des Vivans.

Un corps-de-garde.

Une fontaine.

Divisions limitrophes.

Homme-Armé, Gravilliers, Amis-de-la-Patrie,
Lombards, Arcis.

XXVIe. DIVISION. Homme-Armé.

Limites inclusives.

En partant de la rue Ste.-Croix-de-la-Bretonnerie,

Q

et suivant toujours à droite, les rues Ste.-Avoie, du Temple, de la Corderie, de Bretagne, Vieille-rue-du-Temple et rue Ste.-Croix-de-la-Bretonnerie, jusqu'au coin de la rue Ste.-Avoie.

Intérieur.

Rues d'Anjou, des Vieilles-Audriettes, de Beauce, de Berry, des Blancs-Manteaux, de Braque, du Grand-Chantier, du Petit-Charlot, du Chaume, de l'Échaudé, des Enfans-Rouges, de l'Homme-Armé, de Limoges, de la Marche, des Oiseleurs, d'Orléans, de Paradis, Pastourelle, du Perche, du Plâtre, de Poitou, Porte-Foin, du Puits, des Quatre-Fils, des Singes, de Touraine.

Cour, passage, jardin et maison Soubise.

Culs-de-sacs de l'Echiquier, et Péquet.

Enclos des Enfans-Rouges.

Marché des Enfans-Rouges.

Deux corps-de-gardes.

Un poste de pompiers.

Cinq fontaines.

Divisions limitrophes.

Indivisibilité, Temple, Gravilliers, Réunion, Droits-de-l'Homme.

XXVIIe. DIVISION. Droits-de-l'Homme.

Limites inclusives.

Partant du coin du marché des Droits-de-l'Homme, et suivant la droite des rues de la Tixéranderie, du Coq, Bar-du-Bec, Sté.-Croix-de-la-Bretonnerie, tournant à gauche dans la rue Vieille-du-Temple, et suivant la droite de cette rue jusqu'à la rue des Francs-Bourgeois; la droite de celle-ci, de la rue

Neuve-Culture-Ste.-Catherine, de la rue Culture-
Ste.-Catherine, et de la rue St.-Antoine jusqu'au
marché des Droits-de-l'Homme.

Intérieur.

Rues des Ballets, de Bercy, des Billettes, Bourtibourg, Cloche-Perche, de la Croix-Blanche, des
Deux-Portes, des Droits-de-l'Homme, des Ecouffes,
des Juifs, des Mauvais-Garçons, de Moussy, Pavée,
Renaud-le-Fèvre, des Rosiers, Vieille - du - Temple
en partie, Tiron, de la Verrerie en partie.

Culs-de-sacs, d'Argenson, Coquerelle, Ste.-Croix,
St.-Faron.

Marché des Droits-de-l'Homme.

Prisons de la Grande-, et de la Petite-Force.

Trois corps-de-gardes.

Une fontaine.

Divisions limitrophes.

Fidélité, Arsenal, Indivisibilité, Homme-Armé,
Réunion, Arcis.

XXVIIIe. DIVISION. Arcis.

Limites inclusives.

Partant du coin du quai de Gèvres, et suivant
la droite des rues de la Joaillerie; St.-Jacques-de-
la-Boucherie, des Arcis, de la Verrerie, du Coq,
du Mouton, de la place de Grève, des quais Pelletier et de Gèvres jusqu'à la rue de la Joaillerie.

Intérieur.

Rues du Bœuf, St.-Bon, des Coquilles, de la
Coutellerie, Jean-le-l'Epine, Jean-Pain-Mollet,
St.-Jérôme, de la Lanterne, de la Vieille-Lanterne,
du Pied-de-Bœuf, de la Vieille-Place-aux-Veaux,

Planche-Mibray ; de la Poterie ; de la Tacherie , de la Tannerie , de la Tixéranderie en partie , de la Tuerie , de la Vannerie.

Cul-de-sac St.-Benoît.

Passages de l'Arche , de la Petite-Chaise , Jéhan-Bonne-Fille , du Moulin , de la Vieille-Tannerie.

Places Jéhan-Bonne-Fille , Vieille-Place-aux-Veaux.

Ponts au Change en partie , Notre-Dame en partie.

Ruelle des Teinturiers.

Trois corps-de-gardes.

Divisions limitrophes.

Muséum, Lombards , Réunion , Droits-de-l'Homme et Fidélité.

HUITIÈME MAIRIE,

Place de l'indivisibilité, maison Villedeuil.

Composée des divisions des Quinze-Vingts, de l'Indivisibilité, de Popincourt , de Montreuil.

Limites du huitième Arrondissement.

Partant de la barrière de Ménilmontant et suivant les murs de Paris, à droite, jusqu'à la barrière de la Râpée; suivant ensuite, toujours à droite, le bord de l'eau, la rue des Fossés-St.-Antoine , la porte et la rue St.-Antoine , les rues Culture-Ste.-Catherine , Neuve-Culture-Ste.-Catherine , des Francs-Bourgeois , Vieille-du-Temple, des Filles-du-Calvaire ; traversant le boulevard, et montant à droite, les rues de Ménilmontant et de la Roulette , jusqu'à la barrière de Ménilmontant.

Tout l'intérieur compris dans ces limites.

XXIXe. DIVISION. Quinze-Vingts.

Limites inclusives.

Partant de la barrière de Vincennes, suivant les murs de Paris, à droite, jusqu'à la barrière de la Râpée, descendant le long du bord de l'eau, prenant à droite la rue des Fosssés-St.-Antoine, et remontant la rue du Faubourg-St.-Antoine jusqu'à la barrière, toujours à droite.

Intérieur.

Rues d'Aligre, de Beauveau, de Bercy, des Buttes, des Chantiers, des Charbonniers, de Charenton, de la Côte, de l'Egoût, Fionais, du Fumier, Grange-aux-Merciers, de l'Ivrogne, Lenoir, du Moulin, St.-Nicolas, Picpus, de la Procession, Rambouillet, de la Râpée, de Reuilly, Vieille-de-Reuilly, Petite-de-Reuilly, Traversière, Trouvée, de la Vallée-de-Fécamp.

Cours de la Juiverie, des Miracles.

Cul-de-sac St.-Claude.

Marchés Beauveau, aux fourrages.

Port au Plâtre.

Ruelle des Filles-Anglaises.

Maison des Quinze-Vingts.

Hospices de l'Est, des Orphelines.

Une fontaine.

Trois corps-de-gardes.

Barrières de Vincennes, de St.-Mandé, de la Liberté, de Reuilly, de Charenton, des Poules, de la Râpée.

Divisions limitrophes.

Arsenal, Montreuil.

XXXe. DIVISION. Indivisibilité.

Limites inclusives.

Partant du boulevard, au coin de la rue des Filles-du-Calvaire, et suivant toujours à droite, le boulevard, les rues St.-Antoine, Culture-Ste.-Catherine, Neuve-Culture-Ste.-Catherine en partie, des Francs-Bourgeois, Vieille-du-Temple et des Filles-du-Calvaire jusqu'au boulevard.

Intérieur.

Rues St.-Anasthase, Barbette, Caron, Neuve-Ste.-Catherine en partie, St.-Claude, Neuve-du-Colombier, Dorée, des Douze-Portes, de l'Echarpe, de l'Egoût, du Foin, Neuve-St.-François, St.-Gervais, Culture-St.-Gervais, St.-Gilles, Neuve-St.-Gilles, Petite-St.-Gilles, du Harlai, de l'Indivisibilité, de Jarente, Jean-Beau-Sire, de Marville, des Minimes, de la Chaussée-des-Minimes, Necker, d'Ormesson, de l'Oseille, du Parc-National, du Pas-de-la-Mule, des Trois-Pavillons, Payenne, de la Perle, Neuve-St.-Pierre, du Pont-aux-Choux, de Thorigny, des Tournelles.

Cour et passage des Miracles.

Culs-de-sacs St.-Claude, Geneviève, St.-Pierre.

Marché Ste.-Catherine.

Place de l'Indivisibilité.

Deux fontaines.

Deux corps-de-gardes.

Divisions limitrophes.

Popincourt, Montreuil, Arsenal, Droits-de-l'Homme, Homme-Armé et Temple.

XXXIᶜ. DIVISION. Popincourt.

Limites inclusives.

Partant de la barrière de Ménilmontant, suivant les murs de Paris, à droite, jusqu'à la barrière de Charonne, et suivant toujours à droite, les rues de Charonne, Lappe, d'Aval, le boulevard jusqu'à la rue de Ménilmontant, et remontant à droite, la rue de Ménilmontant et la rue de la Roulette jusqu'à la barrière de Ménilmontant.

Intérieur.

Rues de l'Air, des Amandiers, d'Ambroise, Amelot en partie, St.-André, Basfroid, du Chemin-Vert, de la Contrescarpe, des Couronnes, de la Folie-Renaut, St.-Maur, de la Muette, St.-Pierre, Petite-St.-Pierre, de Popincourt, de la Roquette en partie, des Murs-de-la-Roquette, St.-Sébastien.

Culs-de-sacs de la Croix-Faubain, Delaunay, des Jardiniers, de la Roquette, St.-Sébastien.

Une fontaine.

Trois corps-de-gardes.

Barrières de Ménilmontant, des Amandiers, St.-André, des Rats, de Charonne.

Divisions limitrophes.

Montreuil, Indivisibilité, Temple.

XXXIIᶜ. DIVISION. Montreuil.

Limites inclusives.

Partant de la barrière de Charonne jusqu'à celle de Vincennes, et suivant toujours à droite, la rue du Faubourg-St.-Antoine jusqu'au boulevard, le boulevard, traversant la rue Amelot, prenant les rues d'Aval, de Lappe et de Charonne, jusqu'à la barrière, toujours à droite.

Intérieur.

Rues Amelot en partie, St.-Bernard, des Boulets, de Charonne en partie, St.-Denis, de la Forge-Nationale, Ste.-Marguerite, de la Roquette en partie, et Sabin.

Culs-de-sacs St.-Bernard, de la Forge-Nationale, du Jardinet, Mortagne.

Place Ste.-Marguerite.

Deux fontaines.

Trois corps-de-gardes.

Deux postes de pompiers.

Barrières de Charonne, de Montreuil, de Vincennes.

Divisions limitrophes.

Quinze-Vingts, Arsenal, Indivisibilité, Popincourt.

NEUVIÈME MAIRIE,

Rue de Jouy, N°. 6.

Composée des divisions de la Fraternité, de la Fidélité, de l'Arsenal, de la Cité.

Limites du neuvième Arrondissement.

Partant de l'île Louviers et suivant à gauche, le bord de l'eau, le long du Mail et du jardin de l'Arsenal, le côté gauche des rues des Fossés-St.-Antoine, de la porte et de la rue St.-Antoine, de la place Baudoyer, des rues de la Tixéranderie et du Mouton, de la place de Grève, du port au Blé,

des

des quais des Ormes, St.-Paul et des Célestins, le tour
de l'île Louviers et le pont de Grammont; redescendant
les quais des Célestins et St.-Paul, prenant le pont
Marie, tout le tour de l'île de la Fraternité, y
compris le pont de la Tournelle; le nouveau pont
de la Fraternité, tout le tour de l'enclos de la
Cité, le parvis Notre-Dame, y compris le côté
droit du Pont-aux-Doubles; la rue du Marché-
Palu et le Petit-Pont; reprenant la rue du Marché-
Neuf et le marché Neuf, tournant à droite et suivant la droite des rues de la Barillerie et St.-Bar-
thélemy, de la moitié du Pont-au-Change, le nouveau quai Desaix et le pont Notre-Dame jusqu'à la
moitié, des deux côtés.

Tout l'intérieur compris dans ces limites.

XXXIIIe. DIVISION. Fraternité.

Limites inclusives.

Tout le tour de l'île de la Fraternité, y compris
les Pont-Marie et de la Tournelle en entier, et la
moitié du nouveau pont de la Fraternité des
deux côtés.

Intérieur.

Rues Bretonvilliers, des Deux-Ponts, de la
Femme-sans-Tête, St.-Guillaume, Poultier, Regratière.

Cour des Miracles.

Marché de la Fraternité.

Quais de l'Egalité, de la Liberté, de la République,
de l'Union.

Un corps-de-garde.

Un poste de pompiers.

R

Divisions limitrophes.

Jardin-des-Plantes , Cité , Arsenal.

XXXIVe. DIVISION. Fidélité.

Limites inclusives.

Partant de la Maison-Commune , place de Grève , et suivant toujours du côté droit , les rues du Mouton , de la Tixéranderie , la place Baudoyer , les rues St.-Antoine , de Fourcy et des Nonaindières , le quai des Ormes , le port au Blé et la place de Grève jusqu'à la Maison-Commune.

Intérieur.

Rues des Audriettes , des Barres , Frileu , des Vieilles-Garnisons , Geoffroy-Lasnier , Grenier-sur-l'Eau , Arcade-St.-Jean , de Jouy , de la Levrette , de Long-Pont , du Martroi , de la Mazure , du Monceau-St.-Gervais , de la Mortellerie , des Trois-Morts , du Paon-Blanc , Pernelle , du Pet-au-Diable , du Pourtour-St.-Gervais.

Culs-de-sacs de Fourcy , Guépin , du Paon-Blanc , Putigneux.

Passages du St.-Esprit , St.-Jean , du Tourniquet-St.-Jean.

Places Baudoyer , St.-Jean-en-Grève.

Ruelle du Petit-Port-Gervais.

Hospice central de la Vaccination gratuite.

Deux pompes.

Cinq corps-de-garde.

Un poste de pompiers.

Divisions limitrophes.

Arcis , Droits-de-l'Homme , Arsenal.

XXXVe. DIVISION. Arsenal.

Limites inclusives.

Partant du Pont-Marie et suivant toujours du côté droit, les rues des Nonaindières, de l'Ourcy, St.-Antoine, la porte St.-Antoine, la rue des Fossés-St.-Antoine, le bord de l'eau, le quai des Célestins, le quai St.-Paul et le quai des Ormes jusqu'à la rue des Nonaindières.

Intérieur.

Rues St.-Anasthase, de l'Avé, des Barrés, Beautreillis, de la Cerisaye, de l'Etoile, du Fauconnier, du Figuier, Girard-Boquet, des Jardins, Lesdiguières, des Lions, de la Petite-Mortellerie, du Petit-Musc, St.-Paul, Neuve-St.-Paul, Percée, des Trois-Pistolets, des Prêtres-St.-Paul.

Cours Gentien, de l'Orme.

Culs-de-sacs Aumont, de l'Avé-Maria, St.-Louis-de-la-Couture, Gentien, St.-Eloi.

Passages des Cours-de-l'Arsenal, Lesdiguières, du Mail, St.-Paul.

Places de l'Arsenal, de la Liberté, du Mail.

Ile Louviers.

Pont de Grammont.

Une fontaine.

Cinq corps-de-garde.

Un poste de pompiers.

Divisions limitrophes.

Fidélité, Droits-de-l'Homme, Indivisibilité, Quinze-Vingts.

R 2

XXXVIe. DIVISION. Cité.

Limites inclusives.

Partant du coin du marché Neuf, et suivant à droite, les rues de la Barillerie et St.-Barthélemy, le nouveau quai Desaix et le pont Notre-Dame, à moitié des deux côtés, tout le surplus borné par la Seine. De ces limites dépendent le Pont-aux-Doubles, du côté de l'Hospice-d'Humanité, le nouveau pont de la Fraternité à moitié des deux côtés, le Petit-Pont en entier, le Pont–au–Change la moitié du côté droit près du nouveau quai Desaix.

Intérieur.

Rues de l'Abreuvoir, Aux-Fêves, St.-Pierre-aux-Bœufs, de la Calandre, des Trois-Canettes, des Cargaisons, Chanoinesse, des Chantres, du Chapitre, du Chevet-St.-Landry, St.-Christophe, Neuve-de-la-Cité, Cocatrix, de la Colombe, Ste.-Croix, des Deux-Hermites, de la Vieille-Draperie, St.-Éloi, d'Enfer, de l'Evêque, du Four-Basset, Gervais-Laurent, Glatigny, du Haut-Moulin, de la Juiverie, de la Lanterne, de la Licorne, du Marché-Neuf, du Marché-Palu, des Marmouzets, de la Pelleterie, de Perpignan, du Fort-l'Evêque, Haute, Basse et du Milieu-des-Ursins.

Cour des Barnabites.

Culs-de-sacs St.-Barthélemy, St.-Denis-de-la-Châtre, Jérusalem, St.-Landry, St.-Martial, Ste.-Marine.

Enclos de la Cité, St.-Denis-de-la-Châtre.

Hôtel-Dieu, où se trouve le pont Charles.

Marché-Neuf.

Places du Parvis-de-la-Cité, St.-Landry, du Palais-de-Justice, du ci-devant Pont-Rouge, des Ursins.

Terrein du ci-devant Chapitre.

Deux corps-de-garde.

Divisions limitrophes.

Pont-Neuf, Thermes, Panthéon.

DIXIÈME MAIRIE,

Rue St.-Dominique, N°. 238, près de la rue du Bac.

Composée des divisions de l'Unité, de la Fontaine-de Grenelle, de l'Ouest et des Invalides.

Limites du dixième Arrondissement.

Partant du Pont-Neuf et suivant toujours du côté droit, les rues Thionville, des Fossés-St.-Germain-des-Prés, des Boucheries, du Four, du Cherche-Midi, du Regard, de Vaugirard, jusqu'à la barrière de ce nom ; suivant de suite, à droite, les murs de Paris jusqu'à la barrière du Bord-de-l'Eau, et les bords de la Seine depuis cette barrière jusqu'au Pont-Neuf.

Tout l'intérieur compris dans ces limites.

XXXVIIe. DIVISION. Unité.

Limites inclusives.

Partant du Pont-Neuf et suivant toujours du côté droit, les rues Thionville, des Fossés-St.-Germain-des-Prés, des Boucheries, du Four-St.-Germain, la Croix-Rouge, la rue de Grenelle jusqu'à la rue des SS.-Pères, la rue des SS.-Pères, les quais Malaquai et de la Monnaie jusqu'au Pont-Neuf.

Intérieur.

Rues Abbatiale, des Deux-Anges, d'Anjou, des Petits-Augustins, St.-Benoît, Bonaparte, des Petites-Boucheries, de Bussy, Cardinale, de la Chaumière, Childebert, des Ciseaux, du Colombier, de l'Echaudé, de l'Egoût, Furstemberg, Guénégaud, Jacob, des Marais, Ste.-Marguerite, Petite-Ste.-Marguerite, Ste.-Marthe, des Mauvais-Garçons, Mazarine, de Nevers, de la Paix, du Sabot, de Seine, du Sépulcre, Taranne, Petite-Taranne.

Cours du Dragon, de l'Abbaye-St.-Germain.

Culs-de-sacs de l'Egoût, du Guichet, de la Monnaie, de Nevers.

Enclos de l'Abbaye-St.-Germain.

Marché de l'Abbaye-St.-Germain.

Place des Quatre-Nations.

Prison de l'Abbaye.

Hôpital de la Charité.

Deux fontaines.

Quatre corps-de-garde.

Un poste de pompiers.

Divisions limitrophes.

Théâtre-Français, Luxembourg, Ouest, Fontaine-de-Grenelle.

XXXVIIIe. DIVISION. Fontaine de Grenelle.

Limites inclusives.

En entrant dans la rue des SS.-Pères, par le quai Voltaire, et suivant toujours du côté droit, les rues des SS.-Pères, de Grenelle, de Bourgogne, les quais Bonaparte et Voltaire, jusqu'à la rue des SS.-Pères.

Intérieur.

Rues du Bac en partie, de Beaune, Belle-Châsse, Bonne-Eau, de Courti, St.-Dominique en partie, St.-Guillaume, de Lille, Ste.-Marie, de Poitiers, des Rosiers, de l'Université en partie, de Verneuil.

Cours Boulainvilliers, St.-Joseph.

Enclos St.-Joseph.

Marché Boulainvilliers.

Passages Boulainvilliers, des Jacobins.

Une fontaine.

Cinq corps-de-garde.

Trois postes de pompiers.

Divisions limitrophes.

Unité, Ouest, Invalides.

XXXIXe. DIVISION. Ouest.

Limites inclusives.

Partant de la Croix-Rouge, et suivant toujours du côté droit, les rues du Cherche-Midi, du Regard et de Vaugirard jusqu'à la barrière de Vaugirard ; cette barrière, celle des Fourneaux et de Sèves, la rue de Sèves jusqu'au boulevard ; le boulevard jusqu'à la rue de Varenne ; entrant dans cette dernière et prenant à droite la rue de Bourgogne et celle de Grenelle jusqu'à la Croix-Rouge.

Intérieur.

Rues de Babylone, du Bac en partie, du Petit-Bac, Bagneux, Barouillère, Bigot, des Brodeurs, de la Chaise, Hillerin-Bertin, St.-Maur, d'Olivet, Ste.-Placide, de la Planche, Plumet, Pochet, Ravel,

St.-Romain, Rousselet, de Sèves en partie, des Vieilles-Tuileries, Traverse, de Varenne en partie, du Petit-Vaugirard.

Le boulevard, depuis la rue de Vaugirard jusqu'à la rue de Sèves.

Marché de la rue de Sèves.

Hôpital Necker, *idem* des Enfans-Malades; Hospice des Ménages, et les Incurables.

Deux fontaines.

Quatre corps-de-garde.

Un poste de pompiers.

Barrières de Vaugirard, des Fourneaux, de Sèves.

Divisions limitrophes.

Unité, Luxembourg, Fontaine-de-Grenelle et Invalides.

XLe. DIVISION. Invalides.

Limites inclusives.

Partant de la barrière de Sèves et suivant toujours du côté droit, les murs de Paris jusqu'à la barrière du Bord-de-l'Eau, le bord de la Seine, le quai d'Orsay jusqu'au pont de la Concorde, la rue de Bourgogne, la rue de Varenne jusqu'au boulevard, le boulevard et la rue de Sèves jusqu'à la barrière de Sèves.

Intérieur, y compris le Gros-Caillou.

Rues de la Boucherie, de la Comète, des Cygnes, Dominique en partie, Neuve-de-l'Eglise, de Grenelle en partie, du Petit-St.-Jean, Laumel, de l'Université en partie, du Vert-Buisson, de la Vierge.

Champ-de-Mars.

Culs-de-sacs de l'Etoile, Grenelle.

Ile et petit pont des Cygnes.

Hôtel des Invalides.

Palais du Corps-Législatif.

Place de Grenelle.

Port de la Grenouillère.

Quinconce des Invalides.

Une pompe à feu.

Trois corps-de-garde.

Quatre postes de pompiers.

Barrières des Paillassons, de l'Ecole-Militaire, de Grenelle, du Bord-de-l'Eau.

Divisions limitrophes.

Unité, Fontaine-de-Grenelle.

ONZIÈME MAIRIE,

Rue Mignon St.-André-des-Arts.

Composée des divisions des Thermes, du Luxembourg, du Théâtre-Français et du Pont-Neuf.

Limites du onzième Arrondissement.

Partant de la barrière Vaugirard, suivant toujours à droite, la rue de Vaugirard jusqu'à la rue du Regard; les rues du Regard, du Cherche-Midi, du Four, des Boucheries, des Fossés-St.-Germain-des-Prés, Thionville, le quai des Augustins, la rue du Hurepoix, la place du Pont-St.-Michel, la rue de la Huchette, des deux côtés; suivant toujours à droite, la rue du Petit-Pont, St.-Jacques, du Faubourg-St.-Jacques jusqu'à la rue St.-Dominique, et la rue St.-Dominique; la rue d'Enfer des deux côtés, depuis cette dernière jusqu'à la place St.-Michel, la place St.-Michel, la rue des Francs-Bourgeois jusqu'à la rue de Vaugirard, la rue de Vaugirard des deux côtés jusqu'à la rue Notre-Dame-des-Champs; cette dernière, aussi des deux côtés jusqu'à la barrière du pavillon Notre-Dame-des-Champs, et les murs de Paris à droite de cette barrière jusqu'à celle de Vaugirard.

Tout l'intérieur compris dans ces limites.

XLIe. DIVISION. Thermes.

Limites inclusives.

Partant du corps-de-garde du Petit-Pont, et suivant toujours à droite, les rues du Petit-Pont, St.-Jacques, du Faubourg-St.-Jacques; St.-Dominique-d'Enfer; redescendant la rue d'Enfer des deux côtés; la rue des Francs-Bourgeois à gauche jusqu'à la rue de Vaugirard; reprenant la place St.-Michel, descendant à droite la rue de la Harpe, la rue de la Vieille-Bouclerie, jusques et compris l'abreuvoir du Cagnardi au bas du Pont-St.-Michel.

Intérieur.

Rues Boutebrie, Ste.-Catherine, des Trois-Chandeliers, du Chat-qui-Pêche, du Cimetière-St.-Severin, de Cluni, des Cordiers, du Foin, de la Huchette, St.-Hyacinthe, des Maçons, des Mathurins, de la Parcheminerie, des Poirées, Neuve-des-Poirées, des Prêtres, Petite-Richelieu, St.-Severin, de Sorbonne, St.-Thomas, Zacharie.

Abreuvoir du Cagnardi.

Culs-de-sacs St.-Hyacinthe, de la Poterie.

Enclos St.-Benoît.

Passages St.-Benoît, St.-Hyacinthe, des Jacobins.

Places St.-Benoît, Gloriette, des Jacobins, Sorbonne.

Deux fontaines.

Un corps-de-garde.

Divisions limitrophes.

Théâtre-Français , Observatoire , Panthéon.

XLIIᵉ. Division. Luxembourg.

Limites inclusives.

Partant de la rue de Vaugirard et suivant à gauche les rues de l'Egalité , des Boucheries , du Four , du Cherche-Midi , du Regard ; montant la rue de Vaugirard , du côté gauche , jusqu'à la barrière de Vaugirard ; suivant toujours à gauche les murs de Paris jusqu'à la barrière du Pavillon-Notre-Dame-des-Champs , la rue Notre-Dame-des-Champs des deux côtés , et la rue de Vaugirard des deux côtés depuis cette dernière rue jusqu'à celle Egalité , et à droite seulement depuis la rue Egalité jusqu'à celle des Francs-Bourgeois.

Intérieur.

Rues des Aveugles , Beurrière , de Bissy, du Brave , des Canettes , du Canivet , Carpentier ; Cassette , de Chevreuse , du Cimetière , des Citoyennes , du Cœur-Volant , du Vieux-Colombier , Féron , de Fleurus , de la Foire , des Fossoyeurs , des Fourneaux , Garancière , du Gindre , de Genesse , Neuve-Guillemin , Guisarde , Honoré-Liberté , de la Justice , du Petit-Lion , Chaussée-du-Maine , Mézière , du Mont-Parnasse , Pot-de-Fer , des Quatre-Vents , St.-Sulpice , de Tournon.

Le boulevard depuis la rue de Vaugirard jusqu'à la rue Notre-Dame-des-Champs.

Culs-de-sacs Féron , des Quatre-Vents.

Enclos de la Foire St.-Germain.

Palais et jardin du Luxembourg.

Passages de la Foire St.-Germain, des Quatre-Vents, de la Treille.

Place St.-Sulpice.

Une fontaine.

Deux corps-de-garde.

Un poste de pompiers.

Barrières du Pavillon-Notre-Dame-des-Champs, du Mont-Parnasse, du Maine, de Vaugirard.

Divisions limitrophes.

Théâtre-Français, Unité, Ouest, Observatoire, Thermes.

XLIII. DIVISION. Théâtre-Français.

Limites inclusives.

Partant du coin de la rue de Thionville et suivant toujours du côté droit le quai des Augustins, la rue du Hurepoix, la place du Pont-St.-Michel, la rue de la Vieille-Bouclerie, la rue de la Harpe, la place St.-Michel, la rue des Francs-Bourgeois, et les rues Vaugirard, de l'Egalité, des Fossés-St.-Germain-des-Prés et Thionville, jusqu'au coin du quai des Augustins.

Intérieur.

Rues St.-André-des-Arts, des Grands-Augustins, du Battoir, de Boileau, Christine, du Cimetière-St.-André-des-Arts, Contrescarpe, de Corneille, de Crébillon, des Deux-Portes, de l'Ecole-de-Médecine, de l'Eperon, Gît-le-Cœur, Hautefeuille, de l'Hirondelle, du Hurepoix, du Jardinet, de la Liberté, Mâcon, Mignon, de Molière, de l'Observance, du Paon, Pavée, Percée, Pierre-Sarrazin, des Poitevins, du Pont-de-Lody, Poupée, de Racine, de Regnard, de Savoie, Serpente, du Théâtre-Français, de Touraine, de Voltaire.

Cours du collége d'Autun, du Commerce, de Rouen.

Culs-de-sacs du Paon, de Rouen.

Marché de la Vallée.

Passages St.-André-des-Arts, du Commerce, de Rouen.

Places de l'Ecole-de-Médecine, de l'Odéon, du Pont-St.-Michel.

Hospice de l'Ecole de Perfectionnement.

Deux fontaines.

Quatre corps-de-garde.

Divisions limitrophes.

Unité, Luxembourg, Thermes.

XLIV. DIVISION. Pont-Neuf.

Limites inclusives.

Les deux côtés du Pont-Neuf à partir des quais des Augustins et de la Monnaie jusqu'au quai de l'Horloge, le quai de l'Horloge, les rues St.-Barthélemi et de la Barillerie du côté droit, la gauche du Pont-St.-Michel, depuis le Marché-Neuf jusqu'à l'abreuvoir du Cagnardi, l'autre côté du pont, à partir de la rue du Hurepoix, la rue St.-Louis des deux côtés et le quai des Orfévres, jusqu'au Pont-Neuf.

Intérieur.

Rues Ste.-Anne, Basville, du Harlai, de Jérusalem, de Nazareth.

Cours de la Ste.-Chapelle, Lamoignon, du Mai, Neuve-du-Palais.

Palais de justice et marchaud.

Préfecture de police.
Places du Pont-Neuf , Thionville.
Prison de la Conciergerie.
Une fontaine.
Cinq corps-de-garde.
Deux postes de pompiers.

Divisions limitrophes.

Cité , Thermes.

DOUZIÈME MAIRIE,

Place du Panthéon , aux ci-dev. Ecoles-de-Droit.

Composée des divisions du Jardin-des-Plantes, de l'Observatoire , du Finistère , du Panthéon.

Limites du douzième Arrondissement.

Partant de la barrière d'Enfer , descendant la rue d'Enfer des deux côtés jusqu'à la rue St.-Dominique , la rue St.-Dominique à droite , descendant la droite de la rue St.-Jacques jusqu'au Petit-Pont , la rue de la Bucherie des deux côtés, et remontant le bord de la Seine jusqu'à la barrière de la Garre , suivant ensuite les murs de Paris à droite , jusqu'à la barrière d'Enfer.

Tout l'intérieur compris dans ces limites.

XLVe. DIVISION. Jardin-des-Plantes.

Limites inclusives.

Entrant par la rue St.-Victor , la rue des Bernardins des deux côtés , les quais de la Tournelle et St.-Bernard , le boulevard de l'Hôpital jusqu'à la rue de Buffon , la rue de Buffon à droite , rue Neuve-d'Orléans, rues du Battoir, du Puits-l'Hermite, Française , du Noir, de l'Epée-de-Bois , Mouffetard , Bor-

Het, Clopin, toujours à droite ; l'entrée de la rue d'Arras, la rue Traversine et celle St.-Nicolas-du-Chardonnet jusqu'à celle St.-Victor toujours à droite.

Intérieur.

Rues du Battoir en partie , des Bernardins , du Pont-aux-Biches , du Bon-Puits , Bordet en partie , des Boulangers , du Champ-d'Albiac , de la Clef en partie , Clopin en partie, Contrescarpe en partie , Copeau, Neuve-St.-Etienne , des Fossés-St.-Bernard, des Fossés-St.-Victor , Gracieuse , Petite-d'Ivry , du Jardin-des-Plantes en partie , Neuve-St.-Médard , de Montigny , du Mûrier , du Paon , de Sartine , de Seine , Triplet , Trouvée , de Versailles , St.-Victor en partie.

Culs-de-sacs Bavière , du Bon-Puits , du Jardin-des-Plantes , du Tondeur.

Enclos des Bernardins.

Jardin-des-Plantes.

Halles aux veaux , au vin.

Marchés aux hardes , aux suifs.

Muséum d'histoire naturelle.

Passage des Bernardins.

Places St.-Bernard , aux veaux.

Ports au foin , aux fruits , aux tuiles , au vin.

Prison Ste.-Pélagie.

Quais St.-Bernard , de la Tournelle.

Hospice des Elèves-de-la-Patrie.

Deux fontaines.

Trois corps-de-garde.

Un poste de pompiers.

Divisions limitrophes.

Panthéon , Observatoire , Finistère.

XLVIe. DIVISION. Observatoire.

Limites inclusives.

Partant de la barrière de l'Oursine et suivant à droite les murs de Paris jusqu'à la barrière d'Enfer la rue d'Enfer des deux côtés jusqu'à la rue St.-Dominique ; la droite de la rue St.-Dominique, traversant le faubourg St.-Jacques et le descendant à droite jusqu'à la rue des Fossés-St.-Jacques, et suivant toujours du côté droit, les rues des Fossés-St.-Jacques, de la Vieille Estrapade, Contrescarpe, Mouffetard et de l'Oursine jusqu'à la barrière de ce nom.

Intérieur.

Rues de l'Arbalètre, de la Bourbe, des Bourguignons, de Cassini, du Champ-des-Capucins, de Charbonniers, du Chemin-de-la-Glacière, du Cheval Vert, du Cimetière-St.-Jacques, Coupe-Gorge, de Deux-Maillets, Neuve-Ste.-Geneviève, du Faubourg St.-Jacques en partie, des Lionnais, de Longue Aveine, des Marionnettes, de Paradis, des Postes Pot-de-Fer, des Poules, du Puits-qui-Parle, de Sansonnets, de la Santé ; le boulevard, de la rue d l'Oursine à celle d'Enfer, et une portion de celui qu est derrière les ci-devant Chartreux.

Cours St.-Benoît, des Carmelites.

Culs-de-sacs des Carmelites, St.-Dominique, de Feuillantines, Hautefort, des Vignes.

Marchés de la rue d'Enfer, aux fourrages.

Passage et ruelle St.-Jacques-du-Haut-Pas.

Places de l'Estrapade en partie, petite place d Fourcy.

Hôpital Cochin, *idem* des Vénériens ; Hospice de l Maternité, Maison de retraite à Montrouge.

Deux fontaines.

Barrières de l'Oursine, de la Santé et d'Enfer.

Divisions limitrophes.

Luxembourg, Finistère, Panthéon, Plantes.

XLVIIe. DIVISION. Finistère.

Limites inclusives.

Partant de la barrière de la Garre et suivant toujours du côté droit, les murs de Paris jusqu'à la barrière de l'Oursine, les rues de l'Oursine, Mouffetard, de l'Epée-de-Bois, du Noir, Française, du Puits-l'Hermite, du Battoir, Neuve-d'Orléans, de Buffon, le boulevard de l'Hôpital et le bord de l'eau jusqu'à la barrière de la Garre.

Intérieur.

Rues du Banquier, de la Barrière, de Bièvre, Blanche, Censier, du Champ-de-l'Alouette, des Champs, du Chemin-de-Gentilly, de la Clef en partie, du Clos-Payen, des Trois-Couronnes, de la Croix-de-Clamart, Croulebarbe, Dorvillé, de l'Essai, du Fer-à-Moulin, des filles-Anglaises, de la Fontaine, des Fossés-St.-Marcel, des Francs-Bourgeois, Gautier-Renaud, du Gril, du Haut-Caillou, St.-Hypolite, du Jardin-des-Plantes en partie, de Lessart, des Maquignons, du Marché-aux-Chevaux, des Marmouzets, du Petit-Moine, de la Muette, Vieille-Notre-Dame, de l'Orangerie, Neuve-d'Orléans en partie, Pierre

S

Assis, Poliveau, du Pont aux-Biches, Scipion, de la Voie-Creuse.

Le boulevard, du bord de l'eau à la rue de l'Oursine.

Le clos Payen.

Enclos St.-Marcel.

Marchés aux Chevaux, des Patriarches.

Passages du Moulin Croulebarbe, St.-Marcel.

Place de la Croix-de-l'Hostie.

Pont-aux-Biches, Petit-Pont-aux-Tripes.

Port de l'Hôpital.

Hospice de la Salpétrière.

Un poste de pompiers.

Barrières de la Garre, des Deux-Moulins, de Marengo, de Croulebarbe, du Clos-Payen, de l'Oursine.

Divisions limitrophes.

Observatoire, Jardin-des-Plantes.

XLVIIIe. ET DERN. DIVISION. Panthéon

Limites inclusives.

Prenant la rue de la Tournelle au coin de celle des Bernardins, d'un côté, et à la pompe de l'autre côté; suivant les rues des Grands-Degrés et de la Bucherie des deux côtés; suivant la gauche des rues du Petit-Pont, St.-Jacques, des Fossés-St.-Jacques, de la Vieille-Estrapade, Contrescarpe, Mouffetard et Bordet, jusqu'à la rue des Prêtres; traversant le ruisseau et prenant la rue Clopin des deux côtés

{ jusqu'à la rue d'Arras, celle-ci des deux côtés jusqu'à
{ la rue Traversine, et suivant du côté gauche, la rue
[Traversine et la rue St.-Nicolas-du-Chardonet, jusqu'à
{ la rue St.-Victor.

Intérieur.

Rues des Amandiers, des Anglais, de Bièvre,
[Bordet en partie, de la Petite-Bretonnerie, des
) Carmes, du Carneau, Charretière, des Chiens, des
) Cholets, du Cimetière-St.-Benoît, des Petits-Degrés,
) d'Ecosse, St.-Etienne-des-Grès, du Fouare, du
[Four, de Fourcy, Fromentel, Galande, de la
{ Montagne-Ste.-Geneviève, du Haut-Pavé, du Mont-
} St.-Hilaire, Jacinte, St.-Jean-de-Beauvais, Jean-de-
[Latran, Judas, St.-Julien-le-Pauvre, des Lavan-
) dières, des Noyers, Perdue, du Plâtre, des Prêtres,
b des Rats, de Reims, des Sept-Voyes, Traversine en
{ partie, St.-Victor en partie.

Abreuvoir des Grands-Degrés.

Cours d'Albret, des Cholets, Coquerel, St.-Jean-
b de-Latran, St.-Julien-le-Pauvre.

Culs-de-sacs d'Amboise, de la Cour-des-Bœufs,
{ Bouvart, de Versailles.

Marchés de la rue de Fourcy, de la Porte-St.-Jacques,
b de la Place-Maubert.

Panthéon Français.

{ Passages des Cholets, St.-Jean-de-Latran.

Places Cambray, de l'Estrapade, St.-Etienne-du-
{ Mont, Ste.-Geneviève, Maubert, du Panthéon.

Pont-aux-Doubles d'un côté.

Prison de Montaigu.

Trois fontaines.
Une pompe.
Deux postes de pompiers.

Divisions limitrophes.

Jardin-des-Plantes , Thermes, Observatoire.

FIN DE LA PREMIERE PARTIE.

ITINÉRAIRE PARISIEN.

SECONDE PARTIE.

EMPIRE FRANÇAIS.

SA Majesté Impériale NAPOLÉON BONAPARTE , premier Empereur des Français.

Sa Majesté Impériale JOSEPHINE , Impératrice , femme de l'Empereur.

Son Altesse Impériale le Prince JOSEPH BONAPARTE, frère de l'Empereur.

Son Altesse Impériale le Prince LOUIS BONAPARTE, frère de l'Empereur.

PREMIÈRES DIGNITÉS ET AUTORITÉS DE L'EMPIRE.

Grands dignitaires.

Grand Electeur , S. A. I. le Prince JOSEPH.
Connétable , S. A. I. le Prince LOUIS.

Archi-chancelier de l'Empire, S. A. S. Monseigneur CAMBACÉRÈS.

Archi-chancelier de l'Etat, S. A. S. . . . .

Archi-trésorier, S. A. S. Monseigneur LEBRUN.

Grand-amiral, S. A. S. . . . .

Secrétaire d'Etat, S. A. S. Monseigneur MARET.

Ministres.

Le Grand-Juge Ministre de la Justice, place Vendôme.

Ministre des Relations extérieures, rue du Bacq, n°. 471.

Ministre de l'Intérieur, rue de Grenelle, faubourg St.-Germain.

Ministre des Finances, rue Neuve-des-Petits-Champs.

Ministre du Trésor public, *idem*, à la Trésorerie.

Ministre de la Guerre, rue de Lille.

Directeur-Ministre de l'administration de la Guerre, rue de Varennes, n°. 607.

Ministre de la Marine et des Colonies, rue de la Concorde.

Ministre de la Police générale, quai Voltaire.

Conseil d'Etat, au Palais impérial des Thuileries.

Sénat conservateur, en son Palais, au Luxembourg.

Corps législatif, en son Palais, rue de l'Université, au ci-devant hôtel Bourbon.

Tribunat, en son Palais, ci-devant Palais-Royal.

Haute-Cour Impériale; elle siége dans le Sénat, et est présidée par l'Archi-chancelier de l'Empire.

Cour de Cassation, au Palais de Justice.

Comptabilité Impériale, cour de la Ste.-Chapelle, Palais de Justice.

Le Grand-Maréchal en Cour, et en cette qualité Gouverneur des Palais impériaux, le général DUROC.

Gouverneur du Palais impérial des Thuileries, le général CAFARELLI.

Gouverneur de Paris, monseigneur le maréchal MURAT, en son hôtel, rue de Provence.

Maréchaux de France.

Berthier.	Soult.
Murat.	Brune.
Moncey.	Lasnes.
Jourdan.	Mortier.
Massena.	Ney.
Augereau.	Davoust.
Bernadotte.	Bessières.

ADMINISTRATIONS.

Agence des receveurs-généraux des départemens, place Vendôme.

Agence exécutrice des secours à domicile, à la commission des hospices, parvis Notre-Dame.

Banque de France, hôtel ci-devant Massiac, place des Victoires.

Caisse d'amortissement, rue de l'Oratoire-Saint-Honoré, n°. 136.

Caisse des prises maritimes, même maison.

Comptabilité impériale, ci-devant nationale, cour de la Sainte-Capelle, palais de justice.

Conseil des bâtimens civils, rue de Grenelle, faubourg St.-Germain, hôtel ci-devant Conti.

Conseil des mines, rue de l'Université, n°. 293.

Conseil des prises, à l'Oratoire, rue St.-Honoré.

Conseil de santé pour les armées de terre, rue St.-Dominique, faubourg St.-Germain, maison St. Joseph.

Contributions (commission des), place de l'Hôtel-de-Ville, près de la rue du Mouton.

Percepteurs des contributions dans chacun des 12 arrondissemens.

1er. Arrondissement, M. Goets, rue St.-Honoré, n°. 124, près celle de l'Echelle.

2e. M. Ledoux, rue de la Loi, près du boulevart, n°. 333.

3e. M. Tiron, rué Helvétius, n°. 679.

4e. M. Blondel, cloître St.-Germain-l'Auxerrois, n°. 35.

5e. M. Vander-Linden, rue des Deux-Portes-St.-Sauveur, n°. 2.

6e. M. Pottier, rue Charlot, au Marais, n°. 28.

7e. M. Lameri, rue des Juifs. n°. 17.

8e. M. Ducret, rue du Chemin-Vert, Pont-aux-Choux, n°. 7.

9e. M. Robert, rue St.-Antoine, près celle de Jouy, n°. 31.

10. M Dutremblay, rue de Seine, faubourg St.-Germain, n°. 1064.

11e. M. Chénié, rue du Cherche-Midi, n°. 590.

12e. M. Puissav, quai des Miramionnes, n°. 275.

Déclarations des successions (bureau) rue et maison des Capucines.

Dépôt général des cartes et plans de la marine et des colonies, rue de la place Vendôme, n°. 210.

Domaine national de la commune de Paris, (*intrà muros*) direction des), rue de la Victoire, ci-devant Chantereyne, n°. 29.

Idem, extrà muros, rue neuve du Luxembourg, n°. 163.

Domaines nationaux (administration des) et de l'enregistrement, rue de Choiseul.

Douanes (administration générale des), rue Montmartre, hôtel d'Uzès, près du boulevard.

Droits réunis (administration des), rue St.-Avoie, hôtel ci-devant de la Trémoille.

Enregistrement et domaines. (*Voyez* Domaines.)

Enregistrement et Timbre (direction de l'), rue Neuve-du-Luxembourg, n°. 163.

Etat-major de la première division militaire et de la place de Paris, rue Neuve-des-Capucines, n°. 174.

Forêts (administration générale des), quai Malaquais, au coin de la rue des Sts.-Pères.

Garantie sur les matières d'or et d'argent (bureau du droit de), rue Guenegaud, à la Monnaie.

Habillement et équipement des troupes (direction de l'), rue St.-Dominique, faubourg St.-Germain, maison St.-Joseph.

Hôpitaux militaires (direction central des), même maison.

Hospices civils (administration des), parvis Notre-Dame, n°. 3.

Hospices civils (bureau d'admission des malades dans les), cloître Notre-Dame, près de l'archevêché derrière le cœur de l'église. Il est ouvert tous les jours depuis 9 heures jusqu'à 4.

Hypothèques (bureau des), aux ci-devant Petits-Pères de la place des Victoires.

Instruction publique (bureau de l'), rue de Grenelle, faubourg St.-Germain, n°. 89, dépendant du ministère de l'intérieur.

Idem, à la préfecture du département, Hôtel-de-Ville.

Juges de paix. (Voyez *Tribunaux.*)

Légion d'honneur (administration de la), hôtel de Salm, rue de Lille, au coin de la rue Bellechasse.

Liquidation générale de la dette publique (direction de la), place Vendôme.

Longitudes (bureau des), à l'Observatoire, faubourg St.-Jacques.

Loteries (administration des), rue Neuve-des-Petits-Champs, n°. 18, près de la rue Gaillon.

Mairies des douze arrondissemens municipaux.

1er. Rue d'Aguesseau, n°. 1343.

2e. Rue d'Antin, maison Mondragon.

3e. Rue Petits-Pères de la place des Victoires.

4e. Place du Chevalier du Guet, n°. 14.

5e. Rue de Bondy, n°. 90.

6e. Rue et abbaye St.-Martin.

7e. Rue St.-Avoie, n°. 160.

8e. Place des Vosges ou de l'Indivisibilité, ci-devant Royale, n°. 289.

9e. Rue de Jouy, n°. 6.

10e. Rue de Verneuil, faubourg Saint-Germain, n°. 824.

11e. Rue Mignon, près la rue Haute-Feuille.

12°. Place du Panthéon.

Monnaies (administration et hôtel des), quai de la Monnaie, ci-devant des Quatre-Nations.

Médailles (monnaie des), rue des Orties, près le Carrouzel.

Mont-de-Piété (administration et bureaux du) rues des Blancs-Manteaux et de Paradis.

Division supplémentaire du Mont-de-Piété, rue Vivienne.

Nourrices (bureau de la direction des), rue Ste.-Appoline, n°. 26.

Octroi municipal de bienfaisance (régie de l'), rue des Petits-Augustins, n°. 1272.

Police militaire du gouvernement de Paris, quai Voltaire.

Ponts-et-Chaussées (bureau des), rue de Grenelle, faubourg St.-Germain, n°. 370.

Poste aux chevaux, rue Bonaparte, abbaye Saint-Germain.

Poste aux lettres (administration générale des), rue J.-J. Rousseau, Hôtel des Postes.

Bureaux de poste, où l'on peut affranchir les lettres pour les départemens.

A l'administration générale et dans les huit bureaux ci-après :

1. Rue des Vieux-Augustins.
2. Rue des Ballets.
3. Rue du Grand-Chantier.
4. Rue Bauregard-Poissonnière.
5. Rue St.-Honoré, près de la place Vendôme.
6. Rue de Verneuil.

7. Rue de l'Egalité, ci-devant Condé.

8. Rue Contrescarpe, faubourg St.-Marcel.

Poudres et salpêtres (administration générale des), à l'Arsenal.

Préfecture du département de la Seine, à l'Hôtel-de-Ville, place du même nom.

Préfecture de police (hôtel de la), rue de Jérusalem, au bas du quai des Orfévres.

L'autorité de M. le conseiller-d'état, préfet de police s'étend dans tout le département de la Seine et dans les communes de St.-Cloud, Sèvres et Meudon, département de Seine-et-Oise. Il exerce la police générale dans cet arrondissement, formant le quatrième de la police générale de l'Empire. Le préfet de police donne audience publique, en son hôtel, le lundi de midi à deux heures.

Receveurs-généraux de départemens. (*V.* Agence des)

Salines (régie des) place du Corps-Législatif, n°. 68.

Secours à domicile. (*Voyez* agence des)

Timbre (direction générale du), pour toute la République, rue et maison des Capucines.

Timbre extraordinairé (direction du), même maison.

Timbre et enregistrement. (*Voyez* enregistrement.)

Trésor public, ou trésorerie impériale, ci-devant nationale, rues Neuve-des-Petits-Champs et Vivienne.

ETABLISSEMENS PUBLICS

ET PARTICULIERS,

MONUMENS ET CURIOSITÉS.

ACADÉMIE des beaux arts, ou ateliers des premiers artistes du gouvernement, logés et réunis au ci-devant collège de Navarre, rue de la Montagne-Sainte-Geneviève.

Archives de l'état civil, cour du Mai, palais de Justice.

Archives judiciaires impériales, cour du Mai, palais de justice.

Archives nationales, palais du corps législatif.

Aveugles (voir institut et lycée des)

Bains du sieur Albert, quai Bonaparte, au coin de la rue Bellechasse. On y prend des bains ordinaires et médicamentaux, des douches ascendantes et descendantes, et des bains de vapeurs.

Bains chauds sur la rivière, même quai, au bas du pont des Tuileries.

Bains *idem*, au bas du Pont-Neuf.

Bains du Temple, rue et près de l'enclos du Temple; on y trouve l'agrément de la promenade dans un joli jardin.

Bains de Tivoly, rue St.-Lazare, n°. 384, ou *eaux minérales factices*. Cette maison, destinée aux malades qui ont besoin de prendre des eaux minérales, renferme des appartemens de toute grandeur; on communique dans le superbe jardin de Tivoly. On y trouve des bains de propreté et douches ascendantes, des bains et douches d'eaux minérales, des bains de vapeurs à l'orientale et ordinaires, des bains épuratoires et d'immersion; on y trouve enfin un restaurateur.

Bains Vigier sur la rivière, quai des Thuileries, au bas du pont de ce nom; bateau à deux étages agréablement orné, contenant 140 baignoires, et deux promenoires ou terrasses garnis de fleurs et arbustes.

Bal d'Aligre, à grand orchestre, rue d'Orléans-St.-Honoré; on y joue des scènes de ventriloque et des proverbes.

Bal d'Augny, rue Neuve-Grange-Batelière.

Bals de la Veillée, pendant l'hiver, rue de la Vieille-Draperie, près du théâtre de la Cité. La distribution et la décoration du local sont extrêmement agréables.

Barrières de Paris. Elles sont à remarquer par la diversité de leur architecture, notamment celle de Vincennes, ci-devant du Trône, formée de deux colonnes au haut desquelles l'on monte par un escalier intérieur en vis; celle de la Rapée, représentant un temple à Vénus, etc.

Basse-geole, au Marché-Neuf en la Cité, ci-devant au grand Châtelet. On y expose pendant trois jours les corps des noyés, et autres cadavres trouvés et non reconnus. Les habits dont ils étaient vêtus sont aussi exposés près du corps, pour aider à la reconnaissance. Ce nouveau bâtiment est remarquable par sa construction, et par les précautions que l'on a prises pour conserver cette décence qui tient au respect dû aux corps inanimés de nos semblables et au malheur.

Bibliothèque de l'Arsenal, cour des Vétérans à l'arsenal; le public y entre les mercredi, jeudi et vendredi.

Bibliothèque Impériale, rue de la Loi ; ce magnifique et vaste établissement renferme le dépôt des livres imprimés ; le Parnasse français, par Titou Dutillet ; deux superbes globes, l'un terrestre, l'autre céleste ; le dépôt des manuscrits ; les titres et généalogies ; le cabinet des médailles ; celui des antiques ; celui des gravures. Ceux qui veulent y travailler y entrent tous les jours d'œuvre, de 10 à 2 heures ; et les curieux le mardi et le vendredi aux mêmes heures.

Bibliothèque Mazarine ou des quatre Nations, sur le quai de la Monnaie ; ouverte tous les jours d'œuvre.

Bibliothèque du Panthéon, ci-devant Ste.-Geneviève, ouverte tous les jours d'œuvre ; elle contient environ 80 mille volumes.

Boulevards circulaires de la porte St.-Antoine à la porte St. Honoré, et des Invalides au jardin des plantes.

Les premiers, dits du Nord, sont très-fréquentés : la partie dite boulevard du Temple, et celle dite boulevard des Italiens, sont spécialement adoptées pour la promenade et la réunion ; on y trouve dans toute leur longueur beaucoup de spectacles, de caffés avec musique et jardins, et des restaurateurs.

Les autres, nommés boulevards du midi, ne forment pas une promenade moins agréable, mais ils sont peu fréquentés.

Bourse de Commerce, provisoirement aux ci-devant Petits-Pères de la place des Victoires ; elle est ouverte tous les jours d'œuvre de 2 à 3 heures.

Cabinet de l'école des mines, quai et hôtel de la monnaie, renfermant des minéraux de toutes les espèces ; il est ouvert tous les jours d'œuvre de 10 à 2 heures.

Cabinet d'histoire naturelle de Mlle. Gaillard; rue du Paon-St.-Victor, n°. 13. On y trouve en abrégé le muséum d'histoire naturelle du Jardin des Plantes; prix d'entrée, 1 fr.

Caisse d'épargne de la Farge, rue de Gramont.

Champ-de-Mars en face de l'Ecole-Militaire; terrein très-vaste et régulier, entouré de tertres ou talus formant amphitéâtre. Il est destiné aux évolutions militaires et aux fêtes publiques.

Château-d'eau, place du palais du Tribunat; remarquable par son architecture.

Coches d'eau, coches et galiotes de la haute Seine, quai St.-Bernard et port St.-Paul. Le bureau est quai des Célestins, n°. 41.

Comptoir Commercial, rne Neuve-St.-Méry, hôtel Jaback.

Conservatoire des arts et métiers, rue et Abbaye St.-Martin. Cet établissement mérite l'attention des étrangers.

Conservatoire de Musique pour la formation des élèves, rues Bergère et du faubourg Poissonnière. Tous les ans il y a une distribution de prix, accompagné d'un concert et d'un très-grand appareil.

Dépôts de livres, destinés à alimenter les bibliothèques publiques faites et à faire, notamment celles des lycées.

1°. Aux ci-devant Grands-Jésuites, rue St.-Antoine.

2°. A la maison Juigné, rue de Thorigny.

3°. Aux ci-devant Cordeliers, rue de l'Ecole de Médecine.

4°. A l'hospice des Orphelins, rue Copeau.

Dépôt des loix, ci-devant au Carrousel, actuelle-
ment

ment rue St.-Honoré, n°. 75, ancien hôtel de Boulogne ; on entre aussi par la rue Tivoly.

Deuil, bureaux de deuil pour les enterremens, rue Culture-Ste.-Catherine, et au palais de Justice, cour de la Ste-Chapelle.

Ecole Militaire, en face du Champ-de-Mars. Cet édifice mérite l'attention des étrangers.

Ecole de Médecine, rue du même nom, remarquable par la majesté de l'édifice ; l'amphithéâtre peut contenir 1200 personnes ; il y a une bibliothèque et un cabinet d'histoire naturelle, ouverts au public les lundi, mercredi et vendredi.

Ecole vétérinaire d'Alfort, à Charenton, près Paris.

Elysée Bourbon (voir hameau de Chantilly).

Fontaine Dessaix, place Thionville, monument érigé en l'an 11 en l'honneur du général Dessaix tué à la bataille de Marengo. Elle est surmontée de la statue de ce général, et entourée d'un bassin circulaire ; autour du piédestal sont inscrits les noms de tous ceux qui ont souscrit pour la construction de ce monument.

Fontaine de l'Ecole de Médecine, en construction place de l'Ecole de Médecine ; cette fontaine, qui sera environnée d'arcades, pourra être mise au nombre des monumens.

Fontaine des Invalides, érigée en l'an 12, au milieu du quinconce, en face de l'hôtel des Invalides ; elle est remarquable par le lion de St. Marc dont elle est surmontée, et par le bassin circulaire qui l'environne.

Frascaty, rue de la Loi, au coin du boulevard ; jardin décoré et illuminé, promenade, rafraîchissemens, salons magnifiques ; réunion, l'été, de la plus brillante société.

Galiote de Paris à St.-Cloud ; elle part l'été tous les

T

jours à 9 heures du matin; on la prend au bas du pont des Tuileries.

Garde-Meuble, rue de la Concorde; on y voit beaucoup d'objets précieux et curieux.

Glaces (voir manufacture des).

Gobelins (voir manufacture des).

Hameau de Chantilly, ci-devant Elysée Bourbon, rue du faubourg St.-Honoré. On y donne des fêtes champêtres, bals, promenades sur l'eau, feu d'artifice, raffraîchissemens, restaurateur; on y entre tous les jours.

Histoire naturelle (voir cabinet et muséum d').

Hospices et hôpitaux (voir l'état des).

Hôtel de ville, place du même nom, chef-lieu de la préfecture du département de la Seine, remarquable par son ancienneté.

Jardin Marbœuf, grande avenue des Champs-Elysées, près de la barrière de Neuilly; fêtes champêtres.

Illumination de Paris (bureau général de l'), aux ci-devant Petites-Ecuries, rue du faubourg St.-Denis.

Imprimerie Impériale, hôtel ci-devant Penthièvre, rue de la Vrillière.

Institut des sciences et arts, au ci-devant Vieux-Louvre, sous le télégraphe. Son objet est de perfectionner les sciences et les arts par des recherches et des travaux, et une correspondance non interrompue. Il est composé de 144 membres résidant à Paris, d'un même nombre répandus dans les départemens, et de 24 savans étrangers associés à l'institut.

Chacune des trois classes qui le composent tient une séance par semaine:

Première, sciences physiques et mathématiques, le mercredi.

Deuxième, sciences morales et politiques, le jeudi.

Troisième, littérature et beaux arts, le vendredi.

Séance générale, le premier mardi de chaque mois.

Séance publique, le troisième mardi du premier mois de chaque saison.

Institut des Sourds-Muets de naissance, rue du faubourg St.-Jacques, à St.-Magloire, dirigé par M. l'abbé Sicard, successeur de M. l'abbé Delépée. Les leçons que reçoivent ces élèves, et le mode de leur enseignement, méritent toute l'attention des curieux; le public y est admis le jeudi de 10 à 2 heures.

Institution des aveugles travailleurs, aux Quinze-Vingts, rue de Charenton. On y voit des aveugles travailler à une imprimerie et à des manufactures de divers genres, faire de la musique, calculer, tricoter, fabriquer des gants, enseigner la géographie et le calcul, jouer la comédie. M. Hauy, qui a formé cet établissement, fait voir aux curieux les travaux de ses élèves aveugles.

Invalides (hôtel impérial des), ou le temple de Mars, au bout de la rue de Grenelle. On admire dans ce vaste édifice la cour du milieu, l'horloge à équations, le dôme, ses peintures et son pavé, les cuisines, les réfectoires, etc. La voûte de l'église est décorée de tous les drapeaux pris sur les ennemis.

Le gouvernement a établi dans cet hôtel un institut destiné à l'instruction des militaires.

Joûtes sur l'eau, au Gros-Caillou, les dimanches pendant l'été.

Lycée des aveugles, rue Ste.-Avoie, n°. 155.

Manufacture des glaces, rue de Reuilly, faubourg St.-Antoine. Le travail de cette manufacture mérite l'attention des étrangers. On y entre tous les jours.

Manufacture impériale des Gobelins, rue Mouffetard, faubourg St.-Marcel. On y voit encore en acti-
vité les ateliers des belles tapisseries, dites des Gobelins. Le public y est admis tous les jours.

. Manufactures de papiers peints du sieur Réveillon,
rue de Charonne, faubourg St.-Antoine, aujourd'hui
dirigée par M. Benard, maire du 8ᵉ. arrondissement.
C'est une des plus belles et des mieux 'tenues qui
existent. Elle occupe un très-grand nombre d'ouvriers.

Manufacture de tapisseries de la Savonnerie, quai
de Chaillot.

Médailles (monnaie des), rue des Orties, au Carrousel. On y voit tous les jours une riche collection de
médailles.

Messageries (bureau général des), rues Montmartre
et des Victoires Nationales.

Mines (voir cabinet des).

Monnaies (hôtel des), quai de la Monnaie. On y
voit battre monnaie et autres travaux y relatifs. L'architecture et les détails de cet édifice méritent l'attention des connaisseurs.

Musée central des arts, ou Muséum Napoléon, place
du Muséum Napoléon, au Louvre ; salons de peinture
et de sculpture, dits galeries du Louvre.

Musée des antiques, en dépendant.

Dans ces deux musées sont réunis des chefs-d'œuvre
en peinture et en sculpture de toutes les parties de
l'Europe, et tout ce que l'antiquité a de plus précieux.

Tous les ans, vers le mois de vendémiaire, on expose
dans le salon de peinture, pendant un mois, les ou-
vrages des peintres modernes qui concourent pour les
prix.

Le public est admis le vendredi, le samedi et le

dimanche. Les étrangers peuvent entrer tous les jours en présentant leurs passe-ports.

Musée des artistes, à la ci-devant Sorbonne, rue et place du même nom. Il y a une galerie d'exposition de tableaux.

Musée des monumens français, rue des Petits-Augustins. Cet établissement, formé en 1790, mérite une attention particulière. On y a réuni tous les monumens qui existaient dans les églises et couvens supprimés. On y voit des mausolées, des statues, des bas-reliefs, de tous les âges et de tous les genres. Le public entre le jeudi et le dimanche de 10 à 4 heures ; les étrangers sont admis tous les jours en présentant leurs passe-ports.

Muséum de M. Bertrand Rival, palais du Tribunat, galerie de pierre, n°. 23. Ce muséum, unique dans son genre, renferme, en cire préparée et imitant parfaitement la nature, tout ce qui concerne la structure du corps humain dans ses plus petits détails, ce qui concerne les femmes, les maladies internes et externes ; celles qui sont le fruit du libertinage et leurs terribles effets. On y voit tout ce qui peut inspirer aux jeunes gens l'horreur du vice. Il est ouvert tous les jours toute la journée ; prix d'entrée, 1 fr. 50 cent. par personne.

Muséum d'histoire naturelle, au Jardin des Plantes ; on y trouve réunies toutes les merveilles du règne végétal, du règne minéral, et du règne animal, ainsi que les productions de tous les pays du monde. La promenade du jardin est publique. Les galleries d'histoire naturelle sont ouvertes au public le mardi et le vendredi, depuis 3 heures jusqu'à la nuit.

Muséum d'histoire naturelle de M. Sue, médecin professeur d'anatomie et d'histoire naturelle, rue du Chemin du Rempart, au coin de la rue de Surenne: M. Sue tient un cours annuel par abonnement.

On peut entrer dans le muséum en s'adressant à lui.

Observatoire, au haut du faubourg St.-Jacques. On y remarque une carte universelle en cercle, gravée sur le pavé d'une des salles; la salle des secrets; deux embrâsures ou fentes pour observer les astres; un escalier en coquille qui, à la place du noyau, a un vide formant un puits d'environ 56 mètres de profondeur, d'où l'on observe l'accélération de la descente des corps; les caves, conduisant à plus de 5o rues formées par des carrières; l'eau qui, dans une de ces caves, se pétrifie en filtrant à travers le roc qui en forme le ciel; une bibliothèque complète pour l'astronomie.

Palais et jardin impérial, ou les Tuileries, résidence ordinaire de l'Empereur. Le jardin est orné de statues en marbre et en bronze, qui sont autant de chefs-d'œuvres des premiers maîtres; les plantations, les parterres et les bassins sont entretenus avec autant de goût que de soin; c'est la promenade la plus fréquentée. Le palais est remarquable par la régularité de son architecture, par la grandeur de la cour, et par la grille, aussi simple que belle, qui sépare cette cour de la superbe place du Carrousel; sur les portes latérales de la grille sont les quatre beaux chevaux de Venise.

Palais et jardin du Sénat conservateur, ou le Luxembourg, rues Vaugirard et d'Enfer. Ce palais vient d'être restauré à neuf; le jardin agrandi considérablement et embelli de parterres, bassins et statues; c'est tône des plus belles promenades publiques. On a réuni dans une des galeries du bâtiment une collection de tableaux des plus grands maîtres, et qui est exposée aux regards du public.

Palais et jardin du Tribunat, ci-devant Palais-Royal, rues St.-Honoré et Neuve-des-Petits-Champs; la nouvelle salle des séances du Tribunat mérite l'attention des curieux. Le jardin est orné de parterres et de gazons; les bâtimens en arcades qui l'environnent sont garnis de boutiques de tous les genres et dans le dernier goût; on trouve, sans sortir de cette enceinte, tout ce qui est nécessaire, utile et agréable. Le théâtre de la Comédie Française en fait partie, ainsi que le théâtre des Variétés Montansier.

Palais et jardin du Corps Législatif, ci-devant hôtel de Bourbon, rue de l'Université et quai d'Orsay. La salle des séances du corps législatif est remarquable par sa coupe et sa distribution autant que par sa noble et simple décoration; le jardin n'est pas ouvert au public.

Palais de justice en la cité. La grille du côté de la rue de la Barillerie est un beau morceau.

Panthéon français, rue St.-Jacques. On y lit sur le grand portique cette inscription: *Aux grands hommes la patrie reconnaissante.* Ce monument est ouvert tous les jours; il est digne de l'admiration de tous les voyageurs par son architecture, sur-tout par la hardiesse de ses voûtes, au nombre de trois, au-dessus les unes des autres.

Pépinière de M. Fortin, rue du faubourg du Roule, n°. 137; on y cultive avec soin et l'on y vend tous les arbres à fruits, à fleurs et forestiers, tous les arbustes de terre de bruyère exotiques et étrangers, ainsi que les plantes à fleurs les plus rares. On les envoye avec précaution dans les départemens et dans les pays étrangers.

Cet établissement mérite l'attention des connaisseurs et des amateurs.

Pompiers (chef lieu des), rue St.-Louis en la Cité.

Pont des Arts, quais du Muséum et de la Monnaie. Ce nouveau pont, construit en l'an 11, est remarquable par ses arches en cercles de fer détachés, soutenues sur des piles en pierre, et recouvertes d'un léger plancher en madriers. Le parapet est une grille de fer, il est décoré, dans toute sa longueur, d'orangers et autres arbustes en caisse formant une avenue ; au milieu sont deux baraques en fer vîtrée, où M. Audebert a établi un débit de fleurs de toutes espèces ; dans la belle saison ce pont sert de promenade le soir; on y trouve des chaises et des rafraîchissemens.

Pont de la Concorde, de la rue de Bourgogne à la place de la Concorde; ce pont est remarquable par la beauté et la hardiesse de sa construction.

Pont du Jardin des Plantes, en construction, du boulevard de l'Hôpital à la rue des Fossés-de-la-Bastille. Ce pont, dont les arches, larges de 33 mètres, seront en fer, sur des piles de pierres, sera un superbe monument en ce genre.

Porte St.-Denis, entre la rue et le faubourg St.-Denis; ancien et grand monument en arc de triomphe, et d'un extérieur magnifique. On y remarque sa grande élévation et la grande largeur du ceintre; les bas-reliefs qui sont au-dessous du ceintre, le grand attique qui termine cet édifice, les anciennes inscriptions sur les pierres de marbre, et les deux pyramides ornées de trophées.

Porte

Porte St.-Martin, entre la rue et le faubourg St.-Martin; ancien monument aussi en arc de triomphe, mais d'une décoration plus simple. On y remarque sur les faces de l'attique des inscriptions à la louange de Louis XIV.

Revues (grandes), dans la cour du palais impérial et sur la place du Carrousel; elles ont lieu ordinairement une fois le mois, le dimanche; c'est un des beaux spectacles militaires que l'on puisse voir.

Salle d'armes de l'arsénal de St.-Thomas-d'Aquin, rue St.-Dominique, faubourg St.-Germain. On y voit une collection très-curieuse d'anciennes armures de rois, de héros, etc.

Sociétés et athénées, (voir ci-après l'état des).

Soirées amusantes, place du Carrousel, n°. 12; prix d'entrée, 3 fr. pour un cavalier et une dame; 2 fr. pour une personne seule.

Sourds-muets, (voir institut des).

Savonnerie, (voir manufacture).

Tivoly ou jardin Boutin, rue St.-Lazare, près de la rue de Clichy. Fêtes champêtres le jeudi et le dimanche; danse, jeux, amusemens, illuminations, feu d'artifice, etc.; prix d'entrée, 2 fr.

Théâtres et spectacles, (voir ci-après l'état des).

Voierie de Montfaucon, au-dessus de la barrière du Combat du Taureau. On porte à cet endroit tout ce que l'on retire des fosses d'aisance de Paris. Ces matières sont déposées dans deux grands bassins où elles se dessèchent; elles sont ensuite manipulées et réduites en une poudre, dite poudrette, sans aucune odeur, dont on fait commerce, et qui se transporte dans les

V.

départemens comme un excellent engrais. Le travail de cet établissement n'est pas indigne de la curiosité des étrangers.

INSTRUCTION PUBLIQUE.

ETABLISSEMENS

PUBLICS ET PARTICULIERS

Pour l'instruction de la jeunesse à Paris.

LYCÉE IMPÉRIAL (ci-devant Prytanée-Français), rue St.-Jacques, à l'ancien collège Louis-le-Grand, division du Panthéon. — M. CHAMPAGNE, proviseur.

Le gouvernement y admet des élèves gratuitement. On y reçoit aussi des pensionnaires.

Lycée Napoléon, bâtiment de la ci-devant abbaye Ste.-Geneviève, div. du Panthéon. — M. DEWAILLY, proviseur.

Lycée Bonaparte, rue Neuve-Ste.-Croix, chaussée d'Antin, ancien couvent des capucins, division de la place Vendôme. — M. BINET, proviseur.

Lycée Charlemagne, rue St.-Antoine, aux ci-dev. grands jésuites, div. de l'Arsenal. — M. GUERONET, proviseur.

ECOLES SECONDAIRES.

1er. *Arrondissement.*

M. Crosnier, rue de l'Union, n°. 3, division des Champs-Elysées.

M. Henry, rue des Batailles, à Chaillot, *Idem.*

M. Lemoine, rue neuve de Berry, n°, 7, *idem.*

M. Moreau, rue du Faubourg-St.-Honoré, n°. 108, *Idem.*

M. Hix, rue Matignon, n° 3, *Idem.*

M. Goebel, rue de Clichy, n°. 333, div. du Roule.

M. Butet, *Idem*, n° 337, *Idem.*

M. Guibort, rue du Faubourg-du-Roule, près de la barrière, div. du Roule.

M. Pinel, rue St.-Nicolas, n°. 929, division de la place Vendôme.

Pension et répétition pour les langues anciennes et modernes, et pour les sciences.

2e. *Arrondissement.*

M. Weinand, rue du Champ-du-Repos, n°. 52, division du Faubourg-Montmartre.

M. Bouchlt, rue Rochechouart, n°. 187, *Idem.*

M. Lemercier, rue du Champ-du-Repos, n°. 110, même division.

3e. *Arrondissement.*

(Il n'y en a point)

4e. *Arrondissement.*

M. Wamain, rue St.-Denis, n°. 15, div. des Marchés.

5e. *Arrondissement.*

M. Troncin, faub. St.-Martin, n°. 51, divis. de Bondi.
M. Delacour, faubourg du Temple, même divis.

6e. *Arrondissement.*

M. Coulon, rue Charlot. n°. 36, div. du Temple.

7e. *Arrondissement.*

(Il n'y en a point.)

8e. *Arrondissement.*

M. Fleurizelle, rue Picpus, n°. 28, division des Quinze-Vingts.

M. Coutier,	*Idem*, n°. 7,	*Idem.*
M. Loitin,	*Idem*, n°. 22,	*Idem.*
M. Leroux,	*Idem*, n°. 34,	*Idem.*
M. Cimtierre,	rue de Reuilly,	*Idem.*

M. Bardin, rue des Amandiers, n°. 25, division de Popincourt.

M. Chardin, même rue, n°. 27, même division.

M. Suchet, rue St.-Maur, même division.

M. Dubois, rue de Ménil-Montant. n°. 31, *Idem.*

M. Lechevalier, rue Culture-Sainte-Catherine, n°. 613, division de l'Indivisibilité.

M. Guinchard, rue des Tournelles, n°. 159, *Idem.*
M. Barbette, rue des Francs-Bourgeois, au Marais, même division.

M. Chantrot-Cressac, rue des Boulets, division de Montreuil.

9e. *Arrondissement.*

M. Lefortier, rue Geoffroy-l'Asnier, n°. 35, division de la Fidélité.

10e. *Arrondissement.*

M. Pillas, rue St:-Dominique, n°. 1055, division des Invalides.

MM. Dubois et l'Oiseau, rue Bigot, n°. 752, div. de l'Ouest.

M. Guillemin, rue de Sèves, n°. 184.

Des professeurs de l'Ecole Polytechnique, maison des Oiseaux, rue de Sèves.

11e. *Arrondissement.*

M. Verkaven, rue Neuve – Notre – Dame - des-Champs, n°. 1486, div. du Luxembourg,

M. Ruinet, rue de la Harpe, n°. 128, division du Théâtre-Français.

12e. *Arrondissement.*

M. Lanneau, rue de Rheims, à l'ancien collège de Ste.-Barbe, division du Panthéon.

M. Coisnon, rue de la Montague-Ste.-Geneviève, même division.

M. Lefebvre, rue d'Enfer, n°. 86.

M. Planche, rue Neuve-Ste.-Geneviève, n°. 1046, division de l'Observatoire.

M. Mac-Dermoit, rue du Cheval-Vert, même div.

M. Murbaine, rue du Faubourg-St.-Jacques, n°. 317, même division.

M. JAUFFRET, rue fauboug St.-Jacques, près de St.-Magloire, même division.

M. LIZARDE, rue Copeau, n°. 669, division du Jardin-des-Plantes.

M. LALOMBELLE, rue d'Enfer, n°. 86, division de l'Observatoire.

M. DABOT, place de l'Estrapade, n°. 919.

M. SAVOURET, rue de la Clef, n°. 6.

ÉCOLES SPÉCIALES.

Collège de France, place Cambray. Dix-huit professeurs y donnent des leçons gratuites sur toutes les parties des sciences et de la littérature.

Muséum d'Histoire naturelle, au Jardin des Plantes. Treize professeurs y font des cours sur toutes les parties de l'Histoire naturelle des trois règnes.

Ecole de Médecine, rue de l'Ecole-de-Médecine. Vingt-sept professeurs y enseignent toutes les sciences tenant à la médecine. Il y aussi, dans le même local, une Ecole pratique de médecine.

Ecole gratuite de Pharmacie, rue de l'Albalètre, au Jardin des Apothicaires. Huit professeurs y font des cours de chimie, de pharmacie, d'Histoire naturelle des médicamens et de botanique.

Cours d'Accouchemens, à l'hôpital de la Maternité, rue d'Enfer. On y admet des élèves sages-femmes.

Ecole Vétérinaire d'Alfort, à Charenton, près Paris.

Ecole de Minéralogie docimastique, ⎱ à l'Hôtel des
Ecole des Mines,   ⎰ Monnaies.

Ecole des Langues orientales vivantes, à la Bibliothèque impériale, rue de la Loi. Trois professeurs y enseignent le persan, l'arabe et le turc; il y a aussi un professeur de grec moderne.

Cours d'Antiquités, à la Bibliothèque impériale, rue de la Loi.

Ecoles de Peinture et de Sculpture, au Palais des Sciences et arts, ci-devant vieux Louvre.

Ecole d'Architecture, même Palais.

Ecole de Musique, au Conservatoire, rue Bergère. Des inspecteurs et des professeurs y enseignent toutes les parties de la musique vocale et instrumentale.

Ecole gratuite de Dessin en faveur des arts mécaniques, rue de l'Ecole-de-Médecine.

Ecole gratuite de Dessin pour les jeunes personnes, rue de la Harpe, n°. 249, dirigée par Mad°. Frere-Montizon. Elle a pour fondateurs des personnes bienfaisantes.

Institut des Sourds-Muets de naissance des deux sexes, rue du Faubourg-St.-Jacques, à St.-Magloire; dirigé par M. l'abbé Sicard. Le développement des facultés intellectuelles, les sciences et les travaux manuels de différens genres, forment l'éducation de ces infortunés, et les mettent à portée de pouvoir, par l suite, pourvoir à leur existence.

Education particulière de Sourds-Muets, par M. Vivé, rue du Vieux-Colombier, n°. 48.

Petite Communauté de St.-Paul, passage St.-Pierre, rue St.-Antoine, division de l'Arsenal, ou maison d'instruction pour 40 jeunes demoiselles, dirigée par MM. les administrateurs des hospices. Les places des élèves sont à la nomination des comités centraux de bienfaisance. La pension est modique. On y enseigne la morale, la religion, la lecture, l'écriture, les calculs, le dessin, la broderie et le travail en linge.

Etablissement de Bienfaisance du 10°. arrondissement, rue des Saints-Pères, n°. 1196, institué par

M. Duquesnoy, maire du 10e. arrondissement; éducation, nourriture et entretien d'indigens des deux sexes. Ateliers de bonneterie, filature, teinture, fonderie, de cordonniers, de tailleurs, etc.

Ecole de Natation, quai Bonaparte.

ÉCOLES DE SERVICES PUBLICS.

Ecole Polytechnique, rue de l'Université, près du palais du Corps Législatif. Elle est destinée à perfectionner les élèves qui se sont distingués dans les autres écoles. Le nombre des élèves est fixé à 300. Des professeurs les plus éclairés leur enseignent les mathématiques et sciences en dépendantes, la géométrie descriptive, la phisique générale, la chimie et le dessin.

Ecole des Ponts-et-Chaussées, maison Duchâtelet, rue de Grenelle, faubourg St.-Germain, n°. 1486.

SOCIÉTÉS ET ATHENÉES.

ACADÉMIE de Jurisprudence et d'Economie politique, quai Voltaire, ancien hôtel de Labriffe.

Athénée des Arts, rue St.-Honoré, à l'Oratoire.

Athénée des Etrangers, rue du Hazard-Richelieu, n°. 14.

Athénée de Paris, rue du Lycée, n°. 1095, près du palais du Tribunat.

Société d'Agriculture, à la préfecture du département de la Seine.

Société Académique des Sciences, à l'Oratoire.

Société des Arts, au palais des Sciences et Arts.

Société des Belles-Lettres, à l'Oratoire.

Société d'Encouragement des sciences et arts, rue du Bac, n°. 249, hôtel de Boulogne.

Société Galvanique, à l'Oratoire.

Société d'Histoire Naturelle, rue d'Anjou-Thionville.

Société des Inventions et Découvertes, à l'Oratoire.

Société d'Institution ou d'Instruction publique, à l'Oratoire.

Société de Médecine, à l'Oratoire.

Société des Observateurs de l'homme, ou Ecole d'Idéologie, rue de Seine, faubourg St.-Germain, hôtel Larochefoucauld.

Société Philomatique, rue d'Anjou-Thionville.

Université de Jurisprudence, rue de Vendôme au Marais, n°. 7.

PAROISSES DE PARIS

ET LEURS SUCCURSALES.

DIVISION ECCLÉSIASTIQUE

DE PARIS

EN 12 ARRONDISSEMENS OU CURES.

1er. *Arrondissement.*

PAROISSE *de la Madeleine*, à l'ancienne église de l'Assomption, rue St.-Honoré, division des Tuileries.

1re. Succursale. Eglise des Capucins de la Chaussée-d'Antin, rue Neuve-Ste.-Croix, division de la place Vendôme.

2ᵉ. Succursale. Eglise de St.-Philippe-du-Roule, rue et division du faubourg du Roule.

3ᵉ. Succursale. Eglise de St.-Pierre-de-Chaillot, à Chaillot, division des Champs-Elisées.

2ᵉ. *Arrondissement.*

Paroisse de *St.-Roch*, rue St.-Honoré, division de la Butte-des-Moulins.

1ʳᵉ. Succursale. Eglise des Filles-St.-Thomas, rue des Filles-St.-Thomas, division Lepelletier.

2ᵉ. Succursale. Eglise de Notre-Dame-de-Laurette, à l'ancienne chapelle St.-Jean, rue et division du faubourg Montmartre.

3ᵉ. *Arrondissement.*

Paroisse de *St.-Eustache*, rues Montmartre, Traînée et du Jour, division du Contrat-Social.

1ʳᵉ. Succursale. Eglise des ci-devant Petits-Pères de la place des Victoires, division du Mail.

2ᵉ. Succursale. Eglise de Notre-Dame-de-Bonne-Nouvelle.

4ᵉ. *Arrondissement.*

Paroisse de *St.-Germain-l'Auxerrois*, place du même nom, division du Muséum.

5ᵉ. *Arrondissement.*

Paroisse de *St.-Laurent*, faubourg St.-Martin, division du Nord.

Succursale unique. Eglise de St.-Lazare, sous l'invocation de St. Vincent-de-Paul, rue Papillon, division du faubourg Montmartre.

6ᵉ. *Arrondissement.*

Paroisse de *St.-Nicolas-des-Champs*, rue St.-Martin, division des Gravilliers.

1ʳᵉ. Succursale. Eglise de St.-Leu, rue St.-Denis, division des Lombards.

2ᵉ. Succursale. Eglise de Ste.-Elisabeth, rue du Temple, division des Gravilliers.

7ᵉ. *Arrondissement.*

Paroisse de *St.-Méry*, rue St.-Martin, division de la Réunion.

1ʳᵉ. Succursale. Eglise des Blancs-Manteaux, rue du même nom, division de l'Homme-Armé.

2ᵉ. Succursale. Eglise de St.-François-d'Assise, rue du Perche, division de l'Homme-Armé.

5ᵉ. Succursale. Eglise des Filles-du-St.-Sacrement, rue St.-Louis au Marais, division de l'Indivisibilité.

8ᵉ. *Arrondissement.*

Paroisse de *Ste.-Marguerite*, rue de ce nom, faubourg St.-Antoine, division de Montreuil.

1ʳᵉ. Succursale. Eglise des Quinze-Vingts, rue de Charenton, division des Quinze-Vingts.

2ᵉ. Succursale. Eglise de St.-Ambroise-de-Popincourt, rue et division de Popincourt.

9e. *Arrondissement.*

Paroisse de *Notre-Dame*, église métropolitaine de Paris, rue et parvis Notre-Dame, division de la Cité.

1re. Succursale. Eglise de St.-Louis-en-l'Ile, île et division de la Fraternité.

2e. Succursale. Eglise de St.-Gervais, rue du Monceau, division de la Fidélité.

3e. Succursale. Eglise de St.-Paul et St.-Louis, ci-devant grands Jésuites, rue St.-Antoine, division de l'Arsenal.

10e. *Arrondissement.*

Paroisse de *St.-Thomas-d'Aquin*, ci-devant les Jacobins-St.-Dominique, rue *St.*-Dominique, division de la Fontaine de Grenelle.

1re. Succursale. Eglise de l'Abbaye-au-Bois, rue de Sèvres, n°. 1039, division de l'Ouest.

2e. Succursale. Eglise des Missions-Etrangères, rue du Bac, n°. 621, division de l'Ouest.

3e. Succursale. Eglise de Ste.-Valère, au bout de la rue de Grenelle, près des Invalides, division des Invalides.

11e. *Arrondissement.*

Paroisse de *St.-Sulpice*, division du Luxembourg.

1re. Succursale. Eglise de St.-Germain-des-Prés, ci-devant l'Abbaye, division de l'Unité.

2e. Succursale. Eglise de St.-Severin, rue du même nom, division des Thermes.

3e. Succursale. Eglise St.-Benoît, rue St.-Jacques, division des Thermes.

12ᵉ. *Arrondissement.*

Paroisse de *St.-Etienne-du-Mont*, division du Panthéon.

1ʳᵉ. Succursale. Eglise de Saint-Nicolas-du-Chardonnet, rue des Bernardins, division du Panthéon.

2ᵉ. Succursale. Eglise de St.-Jacques-du-Haut-Pas, faubourg St.-Jacques, division de l'Observatoire.

3ᵉ. Succursale. Eglise de St.-Médard, faubourg St.-Marcel, division du Finistère.

En tout douze paroisses et vingt-sept succursales, formant trente-neuf églises consacrées à l'exercice du culte catholique, et qui ont chacune leur circonscription de territoire.

Les douze curés des paroisses ne peuvent faire aucune fonction dans les succursales ni dans le territoire en dépendant; toute fonction curiale leur est interdite à l'égard des personnes habitant le territoire des succursales. Ils n'ont aucune part aux oblations et honoraires reçus par les prêtres de ces églises; ils peuvent visiter une fois l'an leurs succursales, et y officier le jour de la visite, mais non les dimanches et fêtes chômés.

ÉGLISE CONSISTORIALE DE LA RELIGION PROTESTANTE.

Temples.

St.-Louis-du-Louvre, rue St.-Thomas-du-Louvre, division des Tuileries.

Panthemont, rue Grenelle, faubourg St.-Germain, division de la Fontaine de Grenelle.

Ste.-Marie, rue St.-Antoine., n°. 220, division de l'Arsenal.

M. Po 1ALIS, conseiller-d'état, ministre des cultes, rue de l'Université, n°. 258.

TRIBUNAUX.

Juges de paix des douze arrondissemens.

1. M. Lamaignère rue de la Concorde, n°. 688.

2. M. Delorme, rue Feydeau, en face du passage.

3. M. Verron, rue Neuve-St.-Eustache, n°. 39.

4. M. Lesèvre, rue Bailleul, n°. 185.

5. M. Leblond, rue Thevenot, n°. 82.

6. M. Lamouque, rue St.-Martin, n°. 67, en face de la rue des Ménétriers.

7. M. Fariau, rue Ste.-Avoie, n°. 38.

8. M. Pinatel, rue St.-Bernard, faubourg St.-Antoine, n°. 18.

9. M. Wouisnick, rue des Barres-St.-Paul, n°. 28.

10. M. Godard, rue de l'Université, entre la rue du Bac et la rue de Beaune.

11. M. Guérin, rue des Quatre-Vents, n°. 849.

12. M. Gobert, rue Contrescarpe-Ste.-Geneviève, n°. 79.

Tribunal de police municipale pour tout Paris, rue Ste.-Avoie, à la 7e. mairie.

Tribunal civil de 1re. instance pour tout le département de la Seine, au palais de Justice.

Il est divisé en six sections, dont deux connaissent des matières de police correctionnelle.

Les référés se tiennent les mercredi, vendredi et samedi, à l'issue de l'audience.

Les expropriations forcées, le jeudi.

L'audience des criées, le mercredi et le samedi à midi.

Cour d'appel au palais de Justice.

Ce tribunal est divisé en trois sections; les appels des tribunaux de 1re. instance et de commerce du département de l'Aube, d'Eure-et-Loire, de la Marne, de la Seine, de Seine-et-Marne, de Seine-et-Oise, et de l'Yonne y sont portés.

Cour de justice criminelle, au palais de Justice.

Ce tribunal est divisé en deux sections. Les appels de police correctionnelle y sont portés.

Cour de cassation pour toute la république, au palais de Justice.

Tribunal de commerce pour tout le département de la Seine, cloître St.-Méry.

MAGISTRATS DE SURETÉ,

Substituts du procureur-général-impérial près la cour de justice criminelle.

Le département de la Seine est divisé en six arrondissemens de sûreté, pour chacun des six magistrats d e sûreé.

1er. *Arrrondissement.*

M. FARDEL, *rue Gaillon*, n°. *843.*

Cet Arrondissement comprend les divisions ci-après :

Tuileries.

Champ-Elisées.

Roule.

Place Vendôme.

Butte-des-Moulins.

Lepelletier.

Mont-Blanc.

Faub. Montmartre.

Et les cantons de Nanterre et Neuilly.

2me. *Arrrondissement.*

M. ROULOIS, *rue du Four-St.-Honoré*, n°. *82.*

Cet Arrondissement comprend les divisions ci-après :

Contrat-Social.

Mail.

Brutus.

Poissonnière.

Bonne-Nouvelle.

Bondy.

Bonconseil.

Nord.

Et les cantons de St.-Denis et Pantin.

3me. *Arrondissement.*

M. GUYOT STE-HÉLÈNE, *rue des Blancs-Manteaux*, n°. *51.*

Cet Arrondissement comprend les divisions ci-après :

Amis de la Patrie.

Lombards.

Temple.

Gravilliers.

Arcis.

Réunion.

Homme-Armé.

Droits-de-l'Homme.

Muséum.

Gardes-Françaises.

Halle-au-Bled.

Marchés.

4me. *Arrondissement.*

M. Seriziat, *cour de la Ste.-Chapelle, au Palais de Justice.*

Cet Arrondissement comprend les divisions ci-après :

Popincourt.	Fidélité.
Montreuil.	Arsenal.
Quinze-Vingts.	Fraternité.
Indivisibilité.	Cité.

Et les cantons de Charenton et Vincennes.

5me. *Arrondissement.*

M. Gay, *rue et enclos des Bernardins.*

Cet Arrondissement comprend les divisions ci-après :

Panthéon.	Finistère.
Jardin-des-Plantes.	Observatoire.

Et les cantons de Sceaux et Villejuif.

6me. *Arrondissement.*

M. Saussay, *rue de Vaugirard, n°. 1110, au coin de la rue Garancière.*

Cet Arrondissement comprend les divisions ci-après :

Unité.	Invalides.
Théâtre-Français.	Fontaine de Grenelle.
Luxembourg.	Ouest.
Thermes.	Pont-Neuf.

X

COMMISSAIRES DE POLICE
DE PARIS
ET LEURS BUREAUX.

Ier. *Arrondissement.*

DIVISIONS.

1. *Tuileries ,* M^{rs}. CHASOT, rue de Malte , ci-devant de Chartres , n°. 382.
2. *Champs-Elysées ,* DELAFONTAINE , rue du faub. du Roule , en face de l'église du Roule.
3. *Pl. Vendôme ,* ALLETZ , rue Thiroux chaussée d'Antin , n°. 658.
4. *Roule ,* REGNAULT , rue du faub. du Roule , près de la barrière , n°. 186.

2me. *Arrondissement.*

5. *Le Pelletier ,* MEUNIER , rue Grétry , n°. 440 , près de la rue Grammont.
6. *Mont-Blanc ,* BEFFARA , rue St.-Lazare, n°. 120, près de la rue des Martyrs
7. *Butte-des-Moulins ,* COMMINGES et PONS , rue Villedot , n°. 13.
8. *Faubourg-Montmartre ,* SANDRAS , rue Rochechouart , n°. 142, au coin de la rue de la Tour-d'Auvergne.

3me. *Arrondissement.*

DIVISIONS.

9. *Contrat-Social*, BECQUET, rue Montmartre, en
  en face celle du Jour.
10. *Brutus*, LEROUX, rue des Petits - Carreaux,
  n°. 193.
11. *Mail*, NOEL, rue de la Jussienne, n°. 193.
12. *Poissonnière*, B uve, rue St.-Denis, n°. 56,
  près de la rue de Paradis.

4me. *Arrondissement.*

13. *Gardes-Françaises*, COUTÉ, rue du Chantre,
  n° 73, passage Wagieston.
14. *Marchés*, MASSON, rue de la Lingerie, à la
  Halle-aux-Draps.
15. *Muséum*, COUVREUR, rue St.-Germain-l'Auxerrois, n°. 59, en face du grenier à sel.
16. *Halle-au-Bled*, SAUTRAY, rue Croix-des-Petits-
  Champs, au coin de la place des Victoires.

5me. *Arrondissement.*

17. *Bonne-Nouvelle*, JACQUEMIN, rue Saint-Claude-
  Cléry, n° 393.
18. *Bonconseil*, QUIN, rue Thévenot, n°. 29.
19. *Nord*, OGER, rue du faub. St. Martin, n°. 175.
20. *Bondy*, VAUGEOIS, rue Lancri, n°. 23.

6me. *Arrondissement.*

21. *Lombards*, GANDILLEAU, rue Quincampoix,
  n°. 51.

DIVISIONS.

22. *Gravilliers*, DROULOT, rue des Fontaines, n°. 11.
23. *Temple*, DUSSER, boulevard du Temple, n°. 50,
    près de la Galiote.
24. *Amis de la Patrie*, LEMONNIER, rue Ste.-Apo-
    line, n°. 6.

7me. *Arrondissement.*

25. *Réunion*, ALMAIN, rue du Cimetière St.-Nicolas,
    n°. 24.
26. *Homme-Armé*, MARTIN-GIBERGUES, rue Sainte-
    Croix de la Bretonnerie, n°. 51.
27. *Droits-de-l'Homme*, CHAPUIS, rue des Juifs,
    n°. 20.
28. *Arcis*, FREMY, rue de la Tixérandrie.

8me. *Arrondissement.*

29. *Quinze-Vingts*, COUTANCES, rue de Charenton,
    n°. 167, au coin de la rue Traversière.
30. *Indivisibilité*, LAFONTAINE, rue Neuve-St.-Fran-
    çois, n°. 573.
31. *Popincourt*, BAGNARD, rue St.-Sébastien, n°. 18.
32. *Montreuil*, LAURENT, rue du faub. St.-Antoine,
    n°. 88, près de la rue St.-Bernard.

9me. *Arrondissement.*

33. *Fraternité*, MONDOT, quai de l'Egalité, n°. 7,
    près du nouveau pont de la Cité.
34. *Fidélité*, TAIRE, rue des Barres Saint-Gervais,
    n°. 28.

DIVISIONS.

35. *Arsenal*, ARNOULD, rue St.-Paul, n°. 42.
36. *Cité*, VIOLETTE, Enclos Notre-Dame, près du terrain derrière l'archevêché.

10me. *Arrondissement.*

37. *Unité*, PESSONEAU, rue des Marais, faub. Saint-Germain, n°. 20.
38. *Fontaine - de - Grenelle*, SOBRY, rue du Bac, n°. 149, passage Sainte-Marie.
39. *Ouest*, GENEST, rue de Sèves, n°. 1261.
40. *Invalides*, BLAVIER, rue de la Boucherie, au Gros-Caillou, n°. 1316.

11me. *Arrondissement.*

41. *Thermes*, LARCHER, rue St.-Jacques, n.°. 283, en face de la rue du Plâtre.
42. *Luxembourg*, DAUBANEL, rue des Canettes, n°. 475.
43. *Théâtre-Français*, RENOUF, rue des Poitevins Hautefeuille, n°. 16.
44. *Pont-Neuf*, CLÉMENT, rue St.-Louis en la cité, n°. 29.

12me. *Arrondissement.*

45. *Jardin-des-Plantes*, NAUDON, au collége St.-Firmin, rue St.-Victor.
46. *Observatoire*, LEGOIX, rue du faub. St.Jacques, n°. 244.

DIVISIONS.

47. *Finistère*, BRION, rue et en face du marché aux chevaux.

48. *Panthéon*, DROUET, rue de Bièvre, n°. 37.

Commissaire de police de la Bourse, et des halles aux draps, aux toiles et aux cuirs : M. DESCOINGS, rue du Temple, maison Sainte-Elisabeth.

POSTES DE POMPIERS
Et secours pour les incendies.

CHEF—LIEU, rùe St.-Louis en la Cité.

1er. *Arrondissement.*

Faubourg St.-Honoré, au coin de l'avenue Marigny, division des Champs-Elisées, une pompe et un gros tonneau.

Rue de Chaillot, à l'ancienne caserne, division des Champs-Elysées, une pompe et un petit tonneau.

Rue de la Concorde, au Ministère de la Marine, division des Thuileries, une pompe et un petit tonneau.

Grande cour du palais de l'Empereur, division des Thuileries, trois pompes.

Place Vendôme, au Ministère du Grand-Juge, division de la place Vendôme, un pompe et deux petits tonneaux.

Rue Neuve-Ste.-Croix, près du Lycée Bonaparte, division de la place Vendôme, deux pompes et un gros tonneau.

2me. *Arrondissement.*

Rue Neuve-des-Petits-Champs, près le Ministère des Finances, division Lepelletier, une pompe et un petit tonneau.

Rue Neuve-des-Petits-Champs, à la Trésorerie, division Lepelletier, une pompe et un petit tonneau.

Rue de l'Arcade-Colbert, division Lepelletier, deux pompes et un petit tonneau.

Grande cour du palais du Tribunat, division de la Butte-des-Moulins, une pompe et deux petits tonneaux.

Rue du faubourg Montmartre, au coin de la rue de Provence, division du Mont-Blanc, une pompe et un petit tonneau.

3me. *Arrondissement.*

Rue Coqhéron, maison des postes, division du Contrat-Social, une pompe.

Faubourg St.-Denis, à St.-Lazare, division Poissonnière, une pompe et un gros tonneau.

4me. *Arondissement.*

Rue de la Poterie, à la Halle aux Draps, division des Marchés, une pompe et un petit tonneau.

Au ci-devant vieux Louvre, sous la voûte du côté de St.-Germain-l'Auxerrois, division du Muséum, trois pompes.

5me. *Arrondissement.*

(Il n'y en a point.)

6me. *Arrondissement.*

Cul-de-sac de la Planchette, carré de la porte St.-Martin, division des Gravilliers, une pompe et deux gros tonneaux.

Rotonde du Temple, division du Temple, une pompe.

Faubourg du Temple, à la caserne, division du Temple, une pompe.

7me. *Arrondissement.*

Rue des Blancs-Manteaux, à côté du mont-de-piété, division de l'Homme-Armé, une pompe et un petit tonneau.

8me. *Arrondissement.*

Rue St.-Bernard, faubourg St.-Antoine, n°. 25, division de Montreuil, une pompe et deux gros tonneaux.

Rue de Charonne, au magasin Trenelle, division de Montreuil, une pompe.

9me. *Arrondissement.*

Rue du Mouton, près de l'hôtel-de-ville, division de la Fidélité, une pompe.

Rue et île de la Fraternité, division du même nom, deux pompes.

Rue St.-Antoine, place de la Bastille, à la Fontaine, division de l'Arsenal, une pompe.

10ⁿ.

10me. *Arrondissement.*

Rue Guénegaud, à la monnaie, division de l'Unité, deux pompes.

Rue St.-Dominique, au Gros-Caillou, à la boucherie des Invalides, division du même nom, une pompe.

A l'hôtel des Invalides, même division, une pompe et un petit tonneau.

A l'École-Militaire, division des Invalides, une pompe.

Rue de l'Université, au palais du Corps législatif, division des Invalides, deux pompes.

Rue de Lille, à la caserne de cavalerie, division de la Fontaine de Grenelle, deux pompes.

Rue de Grenelle, faubourg St.-Germain, au ministère de l'intérieur, division de la Fontaine de Grenelle, une pompe et un petit tonneau.

Rue du Bacq, au ministère des relations extérieures, division de l'Ouest, une pompe et un petit tonneau.

Rue de Sèves, en face de l'hospice des Ménages, ci-devant les Petites-Maisons, division de l'Ouest, une pompe et un petit tonneau.

11me. *Arrondissement.*

Rue St.-Louis, en la Cité, au chef-lieu des Pompiers, division du Pont-Neuf, trois pompes, deux gros et deux petits tonneaux.

Rue de la Barillerie, à côté du palais de Justice, division du Pont-Neuf, deux pompes, deux gros et un petit tonneaux.

Y

Rue de Vaugirard, en face du palais du Sénat, division du Luxembourg, deux pompes, trois gros et six petits tonneaux.

12me. *Arrondissement.*

Place de l'Estrapade, au chantier du Panthéon, div. du Panthéon, une pompe, un gros et un petit tonneau.

Rue des Noyers, en face de la rue des Anglais division du Panthéon, une pompe et un petit tonneau.

Rue St.-Victor, à l'ancienne abbaye St.-Victor, division du Jardin des Plantes, une pompe et deux gros tonneaux.

Rue Mouffetard, n°. 58, près de la rue de l'Arbalètre, division du Finistère, une pompe et un gro tonneau.

Au château de St.-Cloud, près Paris, quatre pompes et six petits tonneaux.

A Vincennes, près Paris, deux pompes et deux petits tonneaux.

Dépôts de pompes et tonneaux.

Une pompe, rue St.-Honoré, à la caserne des grenadiers, division des Tuileries.

Une pompe et un petit tonneau, rue Neuve-des-Capucines, à côté de l'état-major, division de la place Vendôme.

Une pompe, rue du faubourg Poissonnière, aux ci-devant Menus-Plaisirs, division Poissonnière.

Une pompe et un petit tonneau, passage du Caire, division de Bonne-Nouvelle.

Une pompe, dans l'église Notre-Dame, division de la Cité.

Une pompe et deux gros tonneaux, rue St.-Romain, barrière de Sèvres, division de l'Ouest.

Nota. Il y a des sceaux ou paniers à incendie chez chacun des quarante-huit commissaires de police, dans presque toutes les administrations, et dans les théâtres ...

Bureau d'abonnement pour le ramonage, rue des Deux-Portes-St.-Jean, n°. 2, division des Droits-de-l'Homme.

PRISONS ET MAISONS D'ARRÊT,

DE JUSTICE ET DE DÉTENTION.

L'ABBAYE, rue Ste.-Marguerite, div. de l'Unité.

Pour recevoir les individus qui doivent être jugés par les conseils de guerre ou par les commissions militaires, ainsi que les militaires condamnés à une simple détention.

BICÊTRE, route de Villejuif, hors de Paris.

Pour recevoir les condamnés à mort, pendant le délai de leur recours en cassation, et les condamnés à la gêne et à la détention.

CHAMBRE DE DÉPÔT, à la préfecture de police, divis. du Pont-Neuf.

Pour le dépôt momentané des individus arrêtés par mesure de sûreté, et en vertu de mandats d'amener décernés par le Préfet de police.

CONCIERGERIE (maison de justice), grande cour du Palais de Justice , division du Pont-Neuf.

Pour les accusés qui sont en jugement au tribunal criminel.

FORCE (grande) , rue des Ballets-St.-Antoine , divis. des Droits-de-l'Homme.

Pour la détention des hommes prévenus de délits.

FORCE (petite), rue l'avée, au Marais, division des Droits-de-l'Homme.

Maison de correction pour les prostituées seulement , où elles sont occupées à filer de la laine et du coton.

LAZARE (St.-), rue du Faubourg-St.-Denis, division Poissonnière.

Pour recevoir les femmes condamnées à la gêne, et celles condamnées à mort; celles-ci pendant le délai de leur recours en cassation.

MADELONNETTES , rue des Fontaines , division des Gravilliers.

Pour la détention des femmes prévenus de délits, et pour recevoir celles condamnées correctionnellement. On les occupe à la couture et à la filature de coton.

MORTAIGU, rue des Sept-Voyes, div. du Panthéon.
Maison de discipline militaire.

PÉLAGIE (Ste.-), rue de la Clef, faubourg Saint-Marcel , division du Jardin-des-Plantes.

Le dépôt des hommes mis à la disposition des substituts-magistrats de sûreté , et les détenus pour dettes.

TEMPLE, rue du Temple , division du Temple.

Pour recevoir les individus arrêtés par mesure de sûreté générale.

MAISON DE RÉPRESSION, à St.-Denis.

Pour la détention des mendians, vagabonds et gens sans asile.

HOPITAUX ET HOSPICES.

HÔPITAL DE LA GARDE IMPÉRIALE, rue St.-Dominique, au Gros-Caillou, division des Invalides.

1°. *Hôpitaux des malades.*

HÔTEL-DIEU, ou grand Hospice d'humanité, parvis Notre-Dame, division de la Cité.

Traitement des maladies aiguës, internes et chirurgicales, excepté le scorbut, les scrophules, la galle, la teigne, la folie, l'épilepsie et les maladies vénériennes.

On n'y reçoit que les adultes des deux sexes.

HÔPITAL DE LA CHARITÉ, ci-devant de l'Unité, rue des Sts.-Pères, n°. 43, division de l'Unité.

Même destination que l'Hôtel-Dieu.

Il y a dans cet hospice une clinique interne pour les cas extraordinaires, et pour l'instruction des élèves.

HÔPITAL DU FAUBOURG ST.-ANTOINE, ci-devant Hospice de l'Est, dans la ci-devant *Abbaye St.-Antoine*, rue du Faubourg-St.-Antoine, div. des Quinze-Vingts.

Même destination que l'Hôtel-Dieu.

HÔPITAL BEAUJON, rue du Faubourg-du-Roule, div.
du Roule.

Même destination que l'Hôtel-Dieu.

HÔPICE NECKER, ci-devant Hospice de l'Ouest, barrière de Sèves, div. de l'Ouest.

Même destination que l'Hôtel Dieu.

HÔPITAL COCHIN, ci-devant Hospice du Sud, ou de
St.-Jacques-du-Haut-Pas, rue du Faubourg-
St.-Jacques, division de l'Observatoire.
Même destination que l'Hôtel-Dieu.

HÔPITAL ST.-LOUIS, ci-devant Hospice du Nord, rue
Carême-Prenant, division de Bondi.
Les maladies chroniques et contagieuses, comme
la galle, le scorbut, la teigne et les scrophules.

Adultes et enfans.

HÔPITAL DES VÉNÉRIENS, aux ci-devant Capucins,
rue du Faubourg-St.-Jacques, div. de l'Observatoire.

Les maladies vénériennes pour les adultes et enfans des deux sexes.

On y admet, pour faire leurs couches et alaiter
leurs enfans, les femmes attaquées du vice vé-
rien, ainsi que les enfans abandonnés qui sont
dans le même cas.

HÔPITAL DES ENFANS MALADES, ci devant de l'Enfant-
Jésus ou des Orphelins, rue et barrière de
Sèves, division de l'Ouest.

Pour les enfans des deux sexes au-dessous de
15 ans, attaqués de toute espèce de maladies, excepté celles contagieuses.

MAISON DE SANTÉ, ci-devant petit Hospice des Vieillards, rue du Faubourg-St.-Martin, division de Bondi.

Adultes et enfans des deux sexes, attaqués de toute espèce de maladies, excepté celles contagieuses.

On y est admis en payant 1 fr. 50 cent. par jour.

HOSPICE DE L'ÉCOLE DE PERFECTIONNEMENT, dépendant de l'École de Médecine, rue de l'École-de-Médecine, div. du Théâtre-Français.

Pour les cas rares et le traitement des maladies extraordinaires.

2°. *Hospices d'Indigens.*

HOSPICE DE BICÊTRE, ci-devant Maison nationale des Hommes, route et canton de Villejuif.

Destiné à des indigens septuagénaires, ou infirmes, ou fous, ou épileptiques incurables.

HOSPICE DE LA SALPÊTRIÈRE, ci-devant Maison nationale des Femmes, boulevart de l'Hôpital, division du Finistère.

Même destination pour les femmes, que Bicêtre pour les hommes.

HOSPICE DES MÉNAGES, ci-devant des Petites-Maisons, rue de la Chaise, division de l'Ouest.

Destiné à des époux septuagénaires.

HOSPICE DES INCURABLES, ci-devant des Vieillards, aux ci-devant Récollets, rue du Faubourg-St.-Martin, division de Bondi.

Indigens du sexe masculin, attaqués d'infirmités incurables.

HOSPICE DES INCURABLES, rue de Sèves, division de l'Ouest.

Même destination que le précédent, pour les femmes.

MAISON DE RETRAITE A MONTROUGE, ci-devant Hospice de Montrouge, barrière d'Enfer, division de l'Observatoire.

Vieillards ou infirmes des deux sexes, payant pension.

HOSPICE DE LA MATERNITÉ, ci-devant des Enfans-Trouvés.

Division de l'Accouchement, rue d'Enfer, div. de l'Observatoire.

Les femmes enceintes, à l'époque du huitième mois de leur grossesse, pour y faire leurs couches.

Division de l'Alaitement, rue de la Bourbe, division de l'Observatoire.

Pour les enfans trouvés ou abandonnés, au-dessous de l'âge de deux ans. Les nouveaux nés y sont alaités par des nourrices sédentaires, jusqu'au moment de leur départ en nourrice dans les départemens.

3°. *Hospices d'Enfans.*

HOSPICE DES ORPHELINS, ci-devant de la Pitié, rue Copeau, division du Jardin-des-Plantes.

Enfans mâles, orphelins, depuis l'âge de deux ans jusqu'à douze.

HOSPICE DES ORPHELINES, ci-devant des Enfans-Trouvés, rue du faubourg-St.-Antoine, div. des Quinze-Vingts.

Même destination pour les enfans du sexe féminin.

HOSPICE CENTRAL DE LA VACCINATION GRATUITE, maison dite *du St.-Esprit*, place de Grève, divis. de la Fidélité.

Créé par arrêté du préfet du département de la Seine, du 18 pluviôse an 9. et dirigé par un comité de douze membres, chargé de suivre les expériences de cette découverte.

PHARMACIE CENTRALE DES HÔPITAUX, rue Notre-Dame, en la Cité, ancien bâtiment des Enfans-Trouvés.

DÉPÔT, ou Petite Cazerne militaire, rue Rousselet, n°. 908, division de l'Ouest.

On y retire les militaires indigens qui viennent à Paris solliciter des pensions ou gratifications pour leurs services ou blessures. Les veuves des militaires y sont admises pour réclamations en faveur de leurs maris.

Hospices particuliers.

HOSPICE DES VIEILLARDS, ou retraite assurée à la Vieillesse, Grande-Rue-de-Chaillot, maison Ste.-Perrine, et dans la maison en face, n°. 8, division des Champs-Elysées.

On y est admis par souscription à l'âge de 70 ans. L'administration de cet hospice est Grande-Rue-de-Chaillot, n°. 8.

COMMUNAUTÉS DES DAMES HOSPITALIÈRES DE SAINT-THOMAS-DE-VILLENEUVE, rue de Sèves, n°. 1002, division de l'Ouest. Pansement des teigneux et blessés. Education de quelques jeunes demoiselles.

HOSPICE GRATUIT POUR LES ÉPILEPTIQUES, tenu par M. Leduc, adjoint du maire du 9e. arrondissement, rue Neuve-St.-Paul, div. de l'Arsenal.

HOSPICE POUR LES MALADES ET BLESSÉS INDIGENS, dirigé par M. Valdajou, rue du Petit-Musc, en face de la rue de la Cerisaye, div. de l'Arsenal.

Maisons particulières de Santé.

Rue Bellefond, n°. 218, dirigée par les demoiselles Lacour, pour les femmes seulement infirmes et aliénées.

Boulevard de l'Hôpital, n°. 8, dirigée par M. Esquirol.

Rue Buffon, n°. 3, dirigée par madame Aved-de Loiserolles.

Rue de Charonne, n°. 70, dirigée pa M. Belhom e.

Rue du Chemin-Vert, n°. 13, dirigée par madame Reuche.

Grande rue du faub. St.-Antoine, près de la barrière de Vincennes, dirigée par M. Dubuisson.

Rue du faub. St.-Martin, n°s 141 et 142, dirigée par l'Administration des Hospices.

Rue du faub. Poissonnière, n°. 109, dirigée par M. Vignier, médecin.

Rue Picpus, n°. 13, dirigée par mademoiselle Héricourt.

Rue Picpus, n°. 40, dirigée par mad. Héricourt, veuve Marcel.

Rue Picpus, n°. 43, dirigée par mad. Gondeville de Sainte-Colombe.

HALLES ET MARCHÉS.

1er. Arrondissment.

Marché d'Aguesseau, boulevart de la Madeleine, division de la place Vendôme.

2me. Arrondissement.

Marché des Quinze-Vingts, rue Traversière Saint-Honoré, div de la Butte-des-Moulins.

Marché des Jacobins, rue St.-Honoré, en construction, *idem*.

Il remplacera le marché des Quinze – Vingts, qui sera supprimé.

3me. Arrondissement.

Marché de la rue Montmartre, près de la rue du Mail, div. du Mail et de Brutus.

Halle au pain, sous les grands et petits piliers de la Tonnellerie, div. du Contrat-Social.

4me. Arrondissement.

Halle aux Beurre, Œufs et Fromages, div. des Marchés.

Halle aux Grains et Farines, rue de Viarme, div. de la Halle-au-Bled.

Halle aux Draps et Toiles, rue de la Lingerie, div. des Marchés.

Marché aux Fleurs et Arbustes , quai de la Mégisserie , division du Muséum.

Marché aux Fruits et Légumes , place des Innocens,
div. des Marchés.

Marché aux Issues cuites , à la Halle , *idem.*

Halle à la Marée , *idem , idem.*

Marché aux Poirées , *idem , idem.*

Halle aux Poissons , *idem , idem.*

Halle aux Toiles et Draps. (Voir Draps.)

Halle à la Viande , *idem , idem.*

5me. *Arrondissement.*

Halle aux Cuirs , rue et div. Bonconseil.

Marché aux Fourrages , faub. St.-Martin , div. de
Bondy et du Nord.

Marché dn faub. St.-Martin , div. de Bondy et du
Nord.

Marché de la porte St.-Denis div. de Bonne-Nouv.
et des Amis-de-la-Patrie , sixième arrondissement.

6me. *Arrondissement.*

Marché de la Friperie et vieux Linge , place de
St.-Jacques de la Boucherie , div. des Lombards.

Marché St.-Martin , enclos de ce nom , division des
Gravilliers.

Marché du Temple , enclos et div. du Temple.

7me. *Arrondissement.*

Marché des Droits-de-l'Homme ou St.-Jean, place
Baudoyer , div. des Droits-de-l'Homme.

Marché des Enfans-Rouges , rue de Bretagne , div.
de l'Homme-Armé.

8me. *Arrondissement.*

Marché Beauveau , rue Lenoir , faub. St.-Antoine, div. des Quinze-Viugts.

Marché Ste-Catherine, rues Culture-Ste.-Catherine, St.-Antoine et de l'Egout , div. de l'Indivisibilité.

Marché aux Fourrages , rue Beauveau St.-Antoine, div. des Quinze-Vingts.

9me. *Arrondissement.*

Marché de l'Isle de la Fraternité, div. du même nom.

Marché-Neuf en la Cité , div. de la Cité.

10me. *Arrondissement.*

Marché de l'Abbaye-St.-Germain , div. de l'Unité.

Marché Boulainvilliers , rues du Bac et de Beaune , div. de la Fontaine-de-Grenelle.

Marché de la rue de Sèves , div. de l'Ouest.

11me. *Arrondissement.*

Marché de la Vallée , Volaille , Gibier , Agneaux , Quai des Augustins , div. du Théâtre-Français.

12me. *Arrondissement.*

Marché aux Chevaux , boulevart de l'Hôpital , et rue du Marché-aux-Chevaux , div. du Finistère.

Marché de la rue d'Enfer , div. de l'Observatoire.

Marché aux Fourrages, rue d'Enfer , div. *idem.*

Marché de la rue de Fourcy St.-Jacques , div. du Panthéon.

Marché aux hardes, place aux Veaux, division du Jardin-des-Plantes.

Marché (petit) de la porte St.-Jacques, rue Saint-Jacques, div. du Panthéon.

Marché de la place Maubert, div. *idem.*

Marché des Patriarches, r. Mouffetard, div. du Finistère.

Marché aux Suifs, place aux Veaux, div. du Jardin-des-Plantes.

Halle aux Veaux, div. *idem.*

Halle au Vin, quai St.-Bernard, *idem.*

Nota. Il y a marché au pain dans les marchés ci-après:

      Beauveau Saint-Antoine.

      Sainte-Catherine.

      Droits-de-l'Homme.

      Saint-Martin.

      Marché-Neuf.

      Place Maubert.

      Abbaye Saint-Germain.

      La Vallée.

      D'Aguesseau.

      Grands et petits Piliers.

FONTAINES PUBLIQUES,

LEUR DÉNOMINATION.

1er. *Arrondissment.*

Des Capucins-St.-Honoré, rue St.-Honoré, en face de la place Vendôme, division des Tuileries.

Du Diable, rue de l'Echelle et de la division des Tuileries. Elle ne donne pas d'eau.

2me. *Arrondissement.*

D'Antin , rue Neuve-St.-Augustin , au coin de la rue de la Michaudière , division Lepelletier.

Colbert, rue de l'Arcade-Colbert , division Lepelletier.

Richelieu , rue de la Loi , au coin de la rue Traversière , division de la Butte-des-Moulins.

Roch (cylindre St.), rue St.-Roch , division de la Butte-des-Moulins.

3me. *Arrondissement.*

Montmartre , rue Montmartre , en face de la rue Feydeau , division de Brutus.

Des Petits-Pères , rue des Victoires-Nationales , division du Mail.

4me. *Arrondissement.*

Des Innocens , place des Innocens , division des Marchés.

Du Pilori , carreau de la Halle aux Beurre et Œufs , division des Marchés.

Soissons, rue de Viarme , division de la Halle au Bled.

Du Trahoir , au coin des rues St.-Honoré et de l'Arbre-Sec , division des Gardes-Françaises.

5me. *Arrondissement.*

Du Chaudron , rue du faubourg St.-Martin , près de la barrière , division du Bondi.

Ste.-Foi, rue St.-Denis, près de la rue Ste-Foi, division de Bonne-Nouvelle.

St.-Lazare, rue du faubourg St.-Denis, division du Nord.

Des Recollets, rue du faubourg S.-Martin, division de Bondi.

6^{ne}. *Arrondissement.*

Boucherat, au coin des rues Boucherat et Vieille-du Temple, division du Temple.

Grenetat, rue St.-Denis, au coin de celle Grenetat, division des Amis de la Patrie.

St.-Leu, rue Salle-au-Comte, division des Lombards.

St.-Martin, Marché-St.-Martin, division des Gravilliers.

De la Tour-St.-Martin, rue St.-Martin, près de celle du Vert-bois, division des Gravilliers.

Du Ponceau, rue St-Denis, au coin de celle du Ponceau, division des Amis de la Patrie.

Du Temple, rue et division du Temple.

7me. *Arrondissement.*

Des Andriettes, au coin de la rue du Chaume, division de l'Homme-Armé.

St.-Avoie, rue St.-Avoie, division de l'Homme-Armé.

Des Blancs-Manteaux, rue de ce nom, division de l'Homme-Armé.

Des Droits de l'Homme, marché de ce nom, ci-devant St.-Jean, division des Droits de l'Homme.

De

De l'Echaudé, Vieille-rue-du-Temple, près de la rue du Poitou, division de l'Homme-Armé.

Des Enfans-Rouges, marché de ce nom, rue de Bretagne, division de l'Homme-Armé.

Maubuée, rue St.-Martin, division de la Réunion.

8me. *Arrondissement.*

Basfroid, rue de Charonne, au coin de celle Basfroid, division de Popincourt.

Beauveau, marché Beauveau, faubourg St.-Antoine, division des Quinze-Vingts.

Ste-Catherine, rue St.-Antoine, près de la rue Culture-Ste.-Catherine, division de l'Indivisibilité.

St.-Louis, rue St.-Louis ou de Turenne, au Marais, division de l'Indivisibilité.

De la Petite-Halle, rue du faubourg St.-Antoine, au coin de la rue de Montreuil, division de Montreuil.

Des Tournelles (cylindre des), au coin des rues des Tournelles et St.-Antoine, division de l'Indivisibilité.

Trogneux, faubourg St.-Antoine, au coin de la rue de Charonne, division de Montreuil.

9me. *Arrondissement.*

(Point.)

10me. *Arrondissement.*

De la Charité, grande rue Taranne, division de l'Unité.

Saint - Germain, enclos de la ci-devant abbaye St.-Germain, division de l'Unité.

Z

De Grenelle, rue de Grenelle, faubourg St.-Germain, division de l'Ouest.

Des Invalides, au milieu du quinconce, en face de l'hôtel des Invalides, division du même nom.

11me. *Arrondissement.*

Ste.-Anne, cour de la Ste.-Chapelle, au palais de Justice, division du Pont-Neuf.

Des Cordeliers, rue de l'Ecole-de-Médecine, près de la rue du Paon, division du Théâtre-Français.

St.-Côme, rue de l'Ecole-de-Médecine, près de la rue de la Harpe, division du Théâtre-Français.

Dessaix; place Thionville, division du Pont-Neuf.

De l'Ecole-de-Médecine, place du même nom, division du Théâtre-Français (en construction.)

Garancière, rue de ce nom, près de celle Vaugirard, division du Luxembourg.

St.-Michel, place St.-Michel, division des Thermes.

St.-Severin, rue St.-Jacques, au coin de la rue St.-Severin, division des Thermes.

12me. *Arrondissement.*

St.-Benoît, place Cambrai, division du Panthéon.

Bernard (cylindre St.), rue des Fossés-St.-Bernard, division du Jardin-des-Plantes.

Des Carmelites, rue du faubourg St.-Jacques, division de l'Observatoire.

Ste.-Geneviève, montagne du même nom, division du Panthéon.

De la place Maubert, division du Panthéon.

Pot-de-Fer, au coin des rues Pot-de-Fer et Mouffetard, division de l'Observatoire.

St.-Victor, au coin des rues de Seine et St.-Victor, division du Jardin-des-Plantes.

Nota. Toutes ces fontaines appartiennent à la commune de Paris ; elles sont alimentées,

1°. Par la pompe du pont Notre-Dame ;

2°. Par la pompe de la Samaritaine sur le Pont-Neuf ;

3°. Par les sources d'Arcueil situées au midi de Paris ;

4°. Par les sources du Pré-St.-Gervais, de Belleville, etc. venant du nord ;

5°. Par les pompes à feu de Chaillot et du Gros-Caillou.

La distribution de l'eau est gratuite aux cinquante-six fontaines ci-dessus désignées.

Pompes à vapeurs et fontaines en dépendantes.

1°. Pompe à feu de Chaillot, division des Champs-Elysées,

Fontaines en dépendantes.

Faubourg St.-Honoré, au coin de l'avenue de Marigny, division des Champs-Elysées.

Rue et division du Mont-Blanc.

Porte St.-Denis, division du Nord.

Rue du Temple, près de la rue de Vendôme, division du Temple.

Rue St.-Antoine, place de la Bastille, division de l'Arsenal.

2°. Pompe à feu du Gros-Caillou, division des Invalides.

Fontaines en dépendantes.

Rue de l'Université, près de la place du Corps législatif, division de la Fontaine-de-Grenelle.

Rue de Sèves, près de la rue de la Chaise, division de l'Ouest.

Nota. L'eau est distribuée aux cinq fontaines ci-dessus, moyennant une légère rétribution.

Pompes particulières.

Quai de la Tournelle, près du Port-aux-Tuiles, division du Panthéon.

Quai des Ormes, division de la Fidélité.

Port aux Bled, division de la Fidélité.

Quai de l'Ecole, division du Muséum.

Nota. On ne peut puiser à ces établissemens qu'en payant.

Châteaux d'eau.

A l'Observatoire, faubourg St.-Jacques. C'est le premier point du départ des eaux d'Arcueil.

Place du Tribunat, rue St.-Honoré. Il sert à approvisionner des eaux de la Seine et d'Arcueil, les alais et jardins du Gouvernement.

THÉATRES ET SPECTACLES.

L'Opéra , ou Académie Impériale de Musique , rue de la Loi , division Lepelletier.

Théâtre - Français , *idem* , div. de la Butte-des-Moulins.

Théâtre-Favart, place des Italiens , div. Lepelletier.

Théâtre de l'Impératrice , rue de Louvois , *idem*.

Le Vaudeville , rue St. - Thomas du Louvré , div. des Tuileries.

Variétés Montansier , jardin du Tribunat , div. de la Butte-des-Moulins.

Théâtre de la Porte-St.-Martin, boulevart de la rue de Bondy , div. de Bondy.

De la Cité , rue St. -Barthelémy , div. de la Cité.

Du Marais , rue Culture-Ste-Catherine, div. des Droits-de-l'Homme.

De Molière , rue St.-Martin , div. des Lombards.

De l'Ambigu-Comique , boulevart et division du Temple.

De la Gaîté , *idem*.

Des Jeunes-Artistes, rue et div. de Bondy.

Des Jeunes - Elèves , rue de Thionville , div. de l'Unité.

Sans-Prétention , boulevart et div. du Temple.

Des Délassemens , dit , Jeunes-Elèves , *idem*.

Des Victoires-Nationales, rue du Bac , division de l'Ouest.

Pittoresque et Mécanique , de M. Pierre , rue de la Fontaine , div. Lepelletier.

De la Société-Olympique, rue de la Victoire, ci-devant Chantereine, div. du Mont-Blanc.

De l'Estrapade, à l'Estrapade, div. de l'Observatoire.

Du Panthéon, rue St.-Jean-de-Beauvais, div. du Panthéon.

De la rue St.-Victor, au ci-devant séminaire St.-Nicolas, *idem.*

De la vieille rue du Temple, en face de la rue des Blancs-Manteaux, div. des Droits-de-l'Homme.

De Mareux, rue St.-Antoine, n°. 46, *idem.*

De Doyen, rue Transnonain, div. de la Réunion.

Exercice d'Equitation, de M. Franconi, boulevart et Jardin-des-Capucines, div. de la place Vendôme.

Panoramas, boulevart et Jardin-des-Capucines, *id.*

Boulevart Montmartre, ci-devant hôtel de Montmorency, div. Lepelletier.

Combat du Taureau, rue du chemin de la Chopinette, div. de Boudy.

Ombres Chinoises de Séraphin, Palais du Tribunat, galerie de pierre, côté de la rue des Bons-Enfans, et jardin des Capucines.

PROMENADES PUBLIQUES.

Arsenal (jardin de l'), à l'Arsenal, div. de l'Arsenal.

Boulevarts du Nord et du Midi, de la porte St.-Honoré à la porte St.-Antoine, et des Invalides au Jardin-des-Plantes.

Champs-Elysées, de la place de la Concorde à la barrière de Neuilly, division des Champs-Elysées.

Cours-Egalité, ci-devant Petit-Cours, de la place de la Concorde à la Pompe à feu de Chaillot, division des Champs-Elysées.

Luxembourg (jardin du), rues de Vaugirard et d'Enfer, division du Luxembourg.

Plantes (jardin des), ci-devant Jardin-du-Roi, rues St.-Victor et de Seine, et quai St.-Bernard, div. du Jardin-des-Plantes.

Tuileries (jardin des), quai des Tuileries, place de la Concorde, place de la Concorde et rue Rivoli, div. des Tuileries.

Tribunat (jardin du), ci-devant Egalité et Palais-Royal, rues St.-Honoré et Neuve-des-Petits-Champs, division de la Butte-des-Moulins.

RELEVÉ NUMÉRATIF

DE CHAQUE OBJET.

56 Barrières.

2 Châteaux d'eau.

41 Cours.

121 Culs-de-sacs.

13 Enclos.

56 Fontaines publiques.

45 Halles et marchés.

27 Hôpitaux et hospices.

12 Paroisses.

81 Passages.

77 Places.

2 Pompes à vapeurs et 7 fontaines en dépendantes.

4 Pompes particulières.

18 Ponts.

13 Ports.

41 Postes de pompiers.

12 Prisons.

8 Promenades publiques.

31 Quais.

15 Ruelles.

1095 Rues.

17 Sociétés ou athénées pour les sciences et arts.

27 Succursales dépendant des 12 paroisses.

29 Théâtres ou spectacles.

ARTICLES

Survenus pendant l'impression.

Rues.

Page 27, Ancre National (passage de l'), ci-devant de la Croix-de-Lorraine, de la rue St.-Martin à celle Bourg-l'Abbé,. division des Amis-de-la-Patrie, 6ᵉ. arrondissement.

Page 28, ajouter Andrélas (cul-de-sac d'), rue Mouffetard, près des Gobelins, division du Finistère, 12ᵉ. arrondissement.

Page 31, ajouter Assas (rue d'), Cherchemidi, div. de l'Ouest, 10ᵉ. arrondissement.

Page 45, Boyauterie, lisez Duverbois.

Page 60, Court-Bâton, lisez (cul-de-sac du), rue de l'Arbre-Sec, div. du Muséum, 4ᵉ. arr.

Page 64, supprimer la rue des Deux-Portes St.-Denis.

Page 65, ajouter Dubois (rue), ci-devant de la Boyauterie, faubourg St.-Martin, div. de Bondy, 5ᵉ arr.

Page 65, ajouter Duphot (rue), boulevard de la Madeleine, div. de la Place-Vendôme, 1ᵉʳ. arr.

Page 67, supprimer la rue des Egoûts.

Page 68, supprimer enclos et passage du St.-Esprit.

Page 70, supprimer ruelle et passage des Feuillans.

Page 81, cul-de-sac Guepin, lisez Guespine.

Page 85, Hurleur (rue du Grand et du Petit), Saint-Denis, lisez St.-Martin.

Idem, Hyacinthe (passage St.) ou des Jacobins, rue St.-Honoré, lisez rue de la Sourdière.

Aa

Page 89, Jour (rue et cul-de-sac du), lisez rue du.

Page 93, supprimer Longue Allée, voir Tracy.

Page 94, ajouter Longue Allée (passage de la), ou Lemoine, rue St.-Denis, division des Amis-de-la-Patrie, 6ᵉ. arr.

Page 96, Manège (cour du), lisez Rivoli.

Page 99, supprimer Martin (cul-de-sac), voir Planchette.

Page 104, Mouffetard (rue), lisez à droite de la rue de Fourcy à celle Contrescarpe, division du Panthéon, 12ᵉ. arr.; de la rue Contrescarpe à la rue de l'Oursine, div. de l'Observatoire, 12ᵉ arr., et de la rue de l'Oursine à la barrière, div. du Finistère, 12ᵉ. arr ; à gauche, de la rue des Fossés-St.Victor à la rue de l'Epée de Bois, division du Jardin-des-Plantes, 12ᵉ arr.; et de la rue de l'Epée de Bois à la barrière, div. du Finistère, 12ᵉ arr.

Page 111, ajouter Panorama (passage des), boulevard Montmartre, div. Lepelletier, 2ᵉ. arr.

Page 114, ajouter Pierre (passage St.), de la rue St.-Antoine à la rue St.-Paul, div. de l'Arsenal, 9ᵉ. arrondissement.

Page 122, Planchette (cul-de-sac de la), lisez carré St.-Martin, div. des Gravilliers, 6ᵉ. arr.

Page 130, ajouter rue projetée, du quai de Chaillot, derrière les filles Ste.-Marie, à la montagne de Passy, div. des Champs-Elysées, 1ᵉʳ. arr.

Page 137, ajouter Richepanse (rue), projetée, de la rue Duphot à la rue St.-Honoré, div. de la Place-Vendôme, 1ᵉʳ. arr.

Idem, ajouter Rivoli (rue), de la rue de l'Echelle à la rue St.-Florentin, le long des Tuileries, div. des Tuileries, 1ᵉʳ. arrondissement.

Page 141, Sourdis (cul-de-sac), voir Court-Bâton, lisez rue des Fossés St.-Germain-l'Auxerrois, div. du Muséum, 4ᵉ. arr.

Page 149, ajouter Vendôme (rue de) St.-Honoré, ci-devant passage des Feuillans, div. des Thuileries, 1ᵉʳ. arr.

Places.

Page 117, ajouter du Cimetière-St.-André-des-Arts, où était l'église, div. du Théâtre-Français, 11ᵉ. arr.

Page 118, ajouter de la Fidélité, devant le portail de l'église St.-Laurent, div. du Nord, 5ᵉ. arr.

Idem, de Grève, voir de la Maison-Commune, lisez de l'Hôtel-de-Ville.

Page 119, ajouter de l'Hôtel-de-Ville, ci-devant de Grève et de la Maison-Commune; du quai Pelletier à la rue du Mouton, div. des Arcis, 7ᵉ. arr.; de la rue du Mouton au port au Bled, div. de la Fidélité, 9ᵉ. arrondissement.

Idem, de la Maison-Commune, lisez de l'Hôtel-de-Ville.

Idem, supprimer place de St.-Jean-en-Grève.

Page 120, du Muséum, ajouter Napoléon, ci-devant place Froidmenteau.

Idem, ajouter du Pont-au-Change, sur l'emplacement du ci-devant Grand-Châtelet; en entrant par le pont, à droite, div. des Arcis, 7ᵉ. arr.; à gauche, div. du Muséum, 4ᵉ. arr.

Idem, du nouveau Pont-Rouge, lisez du nouveau pont de la Cité, division de la Cité, 9ᵉ. arr.

Ponts.

Page 125, de la Fraternité, lisez de la Cité, remplaçant

le pont Rouge, de l'Ile Notre-Dame à l'Ile de la Fraternité, div. de la Cité, 9ᵉ. arrondissement.

Page 125, du Jardin-des-Plantes, ajouter en construction, div. des Quinze-Vingts, 8ᵉ. arr.

Idem, des Arts, ajouter du quai de la Monnaie au quai du Muséum, 4ᵉ. arrondissement, et de l'Unité, 10ᵉ. arrondissement.

Page 126, Notre-Dame, lisez en suite de la rue Planche-Mibraye à la rue de la Lanterne, depuis la rue Planche-Mibraye jusques et compris la pompe des deux côtés, div. des Arcis, 7ᵉ. arr.; l'autre partie, div. de la Cité, 9ᵉ. arr.

Ports.

Page 127, ajouter port Bonaparte, sur le nouveau quai de ce nom, division de la Fontaine de Grenelle, 10ᵉ. arrondissement.

Quais.

Page 132, ajouter quai Dessaix, du Pont-au-Change au Pont-Notre-Dame, div. de la Cité, 9ᵉ. arr.

Page 133, ajouter quai Napoléon, en construction, du Pont-Notre-Dame au pont de la Cité, division de la Cité, 9ᵉ. arr.

Limites et intérieurs des 12 arrondissemens et des 48 divisions.

Page 158, div. des Tuileries, intérieur, ajouter la rue de Rivoli et la rue de Vendôme; supprimer la cour et la place du Manège, le passage des Feuillans.

Page 159, div. des Champs-Elysées, intérieur, ajouter la rue projetée, du quai de Chaillot à la montagne de Passy.

Page 162, limites du 2ᵉ. arrondissement; la droite de la rue des Bons-Enfans, de la rue Neuve-des-Bons-Enfans; lisez la droite de la rue Neuve-des-Bons-Enfans, de la rue des Bons-Enfans.

Page 174, div. du Muséum, intérieur, ajouter la place du Pont-au-Change en partie, et celle du Muséum Napoléon.

Page 178, division du Nord, intérieur, ajouter la place de la Fidélité.

Page 179, division de Bondy, intérieur, ajouter la rue Dubois (ci-devant de la Boyauterie), substituer à l'article des hospices, hôpital St.-Louis, hospice des Incurables pour les hommes.

Page 188, div. des Arcis, intérieur, ajouter la place du Pont-au-Change en partie.

Page 189, division des Quinze-Vingts, intérieur, substituer à l'article des hospices, hôpital du faubourg St.-Antoine et hospice des Orphelines.

Page 194, div. de la Fidélité, intérieur, supprimer le passage du St.-Esprit, le passage St.-Jean et la place de St.-Jean-en-Grève.

Page 195, division de l'Arsenal, intérieur, au lieu du passage St.-Paul, lisez passage St.-Pierre; ajouter hospice pour les épileptiques, hospice de Valdajou.

Page 196, division de la Cité, intérieur, ajouter pharmacie centrale des hôpitaux, et la place du nouveau pont de la Cité, les quais Dessaix et Napoléon.

Page 199, division de l'Unité, intérieur, ajouter port Bonaparte.

286 *Art. survenus pendant l'impr.*

Page 200, division de l'Ouest, intérieur, ajouter communauté des Dames Hospitalières de St.-Thomas de Villeneuve.

Page 205, division du Théâtre-Français, intérieur, ajouter la place du Cimetière-St.-André-des-Arts.

Page 207, division du Jardin-des-Plantes, intérieur, au lieu d'hospice des Elèves-de-la-Patrie, lisez hospice des Orphelins, ci-devant de la Pitié.

F I N.

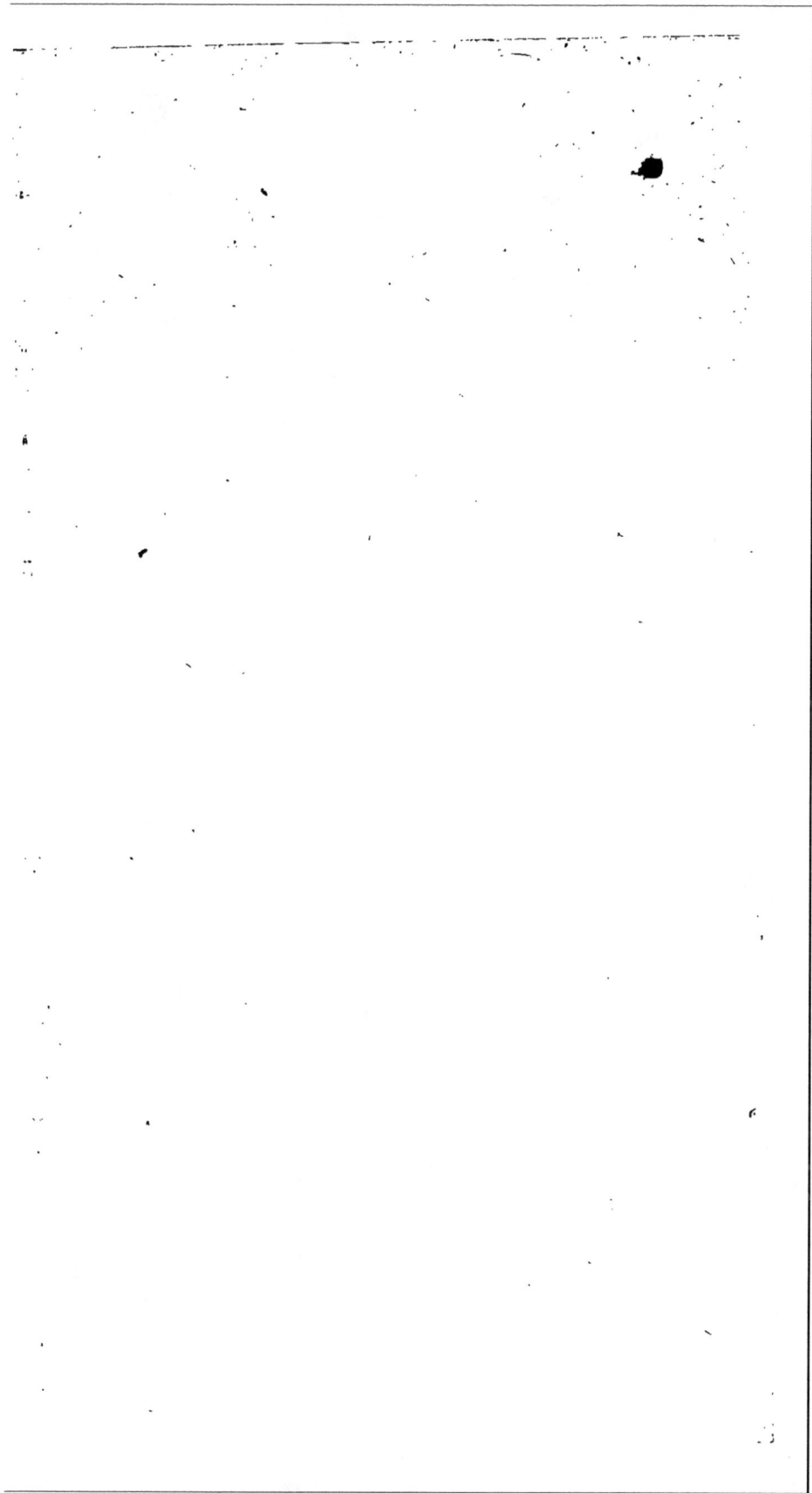

www.ingramcontent.com/pod-product-compliance
Lightning Source LLC
Chambersburg PA
CBHW070249200326
41518CB00010B/1745